www.ingramcontent.com/pod-product-compliance
Lightning Source LLC
LaVergne TN
LVHW010816051026
849532LV00007B/2552

غزل نما

(حصہ : دوم)

مرتبہ:

ادا جعفری

Ghazal Numa : Part-2

by: Ada Jafri

Edition: August '2025

Publisher :

Taemeer Publications LLC (Michigan, USA / Hyderabad, India)

ISBN 978-93-6908-505-7

9 789369 085057

کتاب	:	**غزل نما** (حصہ:2)
مصنفہ	:	**اداجعفری**
صنف	:	شاعری
ناشر	:	تعمیر پبلی کیشنز (حیدرآباد، انڈیا)
سالِ اشاعت	:	۲۰۲۵ء
صفحات	:	۱۲۲
سرورق ڈیزائن	:	تعمیر ویب ڈیزائن

فہرست

پیش لفظ

'غزل نما' کا سلسلہ محترم مشفق خواجہ صاحب کی فرمائش پر شروع ہوا تھا اور ان کا کرم کہ اس کے لیے کتابیں بھی وہ اپنی گرانقدر لائبریری سے مہیا کرتے رہے۔ میں صمیم قلب سے ان کی شکرگذار ہوں۔ کتابوں کی یہ سہولت میسّر نہ ہوتی تو میرے لیے اس سلسلے کو جاری رکھنا ممکن نہیں ہو سکتا تھا۔

'غزل نما' میرے لیے کئی لحاظ سے پُرکشش رہا۔ حکایت دلچسپ ہو تو اسے دہرانا بھی اچھا لگتا ہے۔ یہاں یہ واضح کر دینا بھی ضروری ہے کہ میں نہ اردو شاعری کی تاریخ لکھ رہی ہوں نہ اردو زبان کی۔ میں صرف اپنے تاثرات بیان کرنا چاہتی ہوں۔ ان اشعار کے جھروکوں سے میں نے تسلسل کے ساتھ کئی صدیوں کا نظارہ کیا۔ زبان کے ارتقائی مدارج اور اُس معاشرے کے خدوخال سامنے آئے معروف اساتذہ اور مشاہیرِ سخن سے ہم سب آشنا ہیں۔ لیکن اہلِ سخن کے اس کارواں میں کچھ ایسے آبلہ پا بھی شریکِ سفر تھے جنھیں بہت جلد فراموش کر دیا گیا۔ وجوہ کئی تھیں۔ میری نگاہ میں وہ معاشرہ اور وہ ماحول بھی بہت سی کوتاہیوں کا ذمّہ دار تھا جس میں یہ لوگ زندگی بسر کر رہے تھے۔

ابتدائی دور کے کم معروف اور غیر معروف شعرائ کے کلام میں اردو لفظ کو آنکھ کھولتے ہوئے اور اردو زبان کو پہلی بار سانس لیتے ہوئے دیکھنے کا بھی احساس ہوا۔ جب اظہار و ابلاغ کی ضرورت نے نئی زبان (اردو) نئے الفاظ اور الفاظ کو برتنے کے نئے رویّوں کو جنم دیا تھا۔ جیسا کہ ہم سب جانتے ہیں، برِصغیر میں فارسی خواص کی زبان تھی۔ دفتری اور شعر و ادب کی زبان بھی فارسی تھی۔ اس کے علاوہ عوام کی اپنی اپنی علاقائی بولیاں تھیں۔ جن کے امتزاج سے معاشی اور معاشرتی ضروریات کے تحت اردو وجود میں آئی۔ جس نے تمام زبانوں کے الفاظ کو اپنے دامن میں اس

طرح سمیٹ لیا کہ اس عہد کے سخنوروں نے اپنے خیالات عوام تک پہنچانے کے لیے اسی زبان کا وسیلہ اختیار کیا۔ اُنھیں صدیوں کے درمیان کچھ نئے الفاظ پیدا ہوئے اور کچھ بے وجہ الفاظ مر گئے۔ نئے شعری رویے اختیار کیے گئے، معراجِ کمال کو پہنچائے گئے اور پھر ترک کر دیے گئے۔ مثلاً ایہام گوئی۔

قدیم اردو شاعری کی وادیوں سے گزرتے ہوئے نظر آتا ہے کہ ابتدائی دنوں میں اردو شاعری کے حلقۂ اثر کو وسیع تر کرنے کے لیے اساتذہ نے فارسی شاعری کے مضامین کو بھی اردو میں ڈھالا اور اس طرح اردو شاعری کے لیے ایک مانوس فضا قائم کی۔ دلچسپ بات یہ ہے کہ آج کئی صدیاں گزرنے کے بعد انگریزی شاعری اردو نظم کو ایک نامانوس لہجے سے بھی متعارف کروانے میں مصروف ہے۔

اس کتاب میں قاری کو چند ایسے شاعر بھی ملیں گے جو آج ذہن اور دل کو اپنی گرفت میں لینے سے قاصر ہیں۔ ان کے کلام کا انتخاب ان کے عصر کے حوالے سے ہے۔ یہ سب اپنے اپنے عہد میں اساتذہ کا درجہ رکھتے تھے۔ سب سے اہم بات یہ کہ 'غزل نما' اپنی سوچ کو حرف کا پیکر عطا کرنے والوں کے سفر کی روداد ہے۔ ان اشعار کا تقابل شاعری کے اعلیٰ فن پاروں سے جائز نہیں۔ سفر کے کس مرحلے پر کس کی سانس ٹوٹ گئی اور کس نے منزل کو جا لیا اس کا فیصلہ انفرادی صلاحیت پر بھی تھا اور حالات اور وقت کے ہاتھ میں بھی۔ اور آج یہ فیصلہ ہمارے سامنے ہے۔ اُنھیں صدیوں کے بیچ ہم میر، درد اور سودا کے کمالِ فن سے متعارف ہوتے ہیں۔

انتخابِ اشعار کے سلسلے میں بھی عرض کرتی چلوں کہ 'غزل نما' کتابی شکل میں ترتیب دیتے ہوئے اندازہ ہوا کہ مختلف شعرا کے منتخب اشعار کی تعداد مختلف ہے۔ یہ صورتِ حال میری جانب سے کسی ترجیحی بنیاد پر نہیں ہے۔ استفادے کے لیے جو کتاب مجھے مل سکی اور جتنا وقت میں اس کتاب کو دے سکی اس بنیاد پر یہ انتخاب اشعار کیا گیا ہے۔

۴۳/۸/بی بلاک ٦
پی۔ای۔سی۔ایچ۔ سوسائٹی۔ کراچی

ادا جعفری
۱۹ر فروری ۱۹۸۷ء

نواب انعام اللہ خاں یقین

انعام اللہ خان نام۔ یقین تخلص۔

پیدائش ۱۱۴۰ھ مطابق ۱۷۲۷ء۔ وفات ۱۱۶۹ھ مطابق ۱۷۵۵ء

دہلی میں پیدا ہوئے اور ایسے خاندان میں جو اگر ایک طرف اپنے زہد و تقویٰ اور بزرگی اور نجابت میں مشہور و مفتخر تھا تو دوسری طرف دولت و ثروت، امارت و وقار میں نامور اور ممتاز تھا۔ ان کے دادا حضرت شیخ عبدالاحد نقشبندی مجددی اپنے کمالات باطنی کی وجہ سے مرجع خلائق تھے اور ان کے نانا نواب حمیدالدین خان اپنی شجاعت اور بہادری کے باعث سلطنت کے رکن رکین مانے جاتے تھے۔ ان کا سلسلۂ نسب ددھیال کی طرف سے چوتھی پشت میں شیخ احمد مجدد الف ثانیؒ اور بیسویں واسطے سے خلیفۂ دوم حضرت عمرؓ تک پہنچتا تھا تو ننھیال کی جانب سے چوتھی پشت میں باقی خاں قلمنغاق چیلہ شاہجہانی سے جا ملتا تھا

انعام اللہ خاں یقین ایک شکیل، وجیہہ اور شیریں زبان شخص تھے۔ عین عالمِ جوانی میں کسی خانہ انی غلط فہمی یا بدنامی کے باعث اپنے والد کے ہاتھوں قتل ہوئے۔

یقین مرزا مظہر جان جاناں کے عزیز ترین شاگرد تھے۔ ان کے زمانے میں شاہ حاتم کے علاوہ چار اور ایسے شعراء موجود تھے۔ میر۔ سودا۔ درد اور تاباں۔ مولوی عبدالحی

نے اپنے تذکرۂ گلِ رعنا" میں لکھا ہے کہ "اگر یقین جیتے رہتے تو میرؔ اور مرزا کا چراغ ان کے سامنے نہیں جل سکتا تھا":

ان کا کلام عوام اور خواص سب میں مقبول تھا۔ انھوں نے نہایت شگفتہ بحریں استعمال کی ہیں۔ قافیے اور ردیف کا انتخاب بڑے حسنِ ذوق کے ساتھ کیا ہے۔ زبان کی صفائی کے علاوہ اشعار میں مضمون آفرینی بھی سب سے پہلے انھیں کے یہاں ملتی ہے۔ یقین کے اشعار بڑی قدر کی نگاہ سے دیکھے جاتے تھے ان کے طرز کی پیروی کی جاتی تھی بلکہ ان کے اشعار کو لوگ بطور نظیر پیش کیا کرتے تھے۔

اس دور کے اکثر شعراء کی طرح یقین کو بھی افیون سے شوق تھا جس کا اندازہ ان کے اشعار سے ہوتا ہے۔

یقین کے دیوان میں ایک سو ستر (۱۷۰) غزلیں ہیں جو ابجد کے لحاظ سے ان کے تخلص کے حروف کے برابر ہیں۔ اور سب پانچ پانچ اشعار کی۔ انھوں نے کل تیرہ بحریں استعمال کی ہیں۔ متروک الفاظ یقین کے یہاں اس قدر کم آتے ہیں کہ اس زمانے کے شاید ہی کسی شاعر کے یہاں آتے ہوں۔

یہ انتخاب "دیوانِ یقین"، مرتبہ مرزا فرحت اللہ بیگ مطبوعہ ۱۹۳۰ء انجمن ترقی اردو ہند حیدرآباد (دکن) سے کیا گیا ہے۔

انتخابِ کلام

یہ دل اتنا خرابِ کوچہ و بازار کیوں ہوتا
اگر ملتا نہ اتنا گرگ خوں سے خوار کیوں ہوتا

تری الفت میں مرنا خوش نہیں آتا مجھے، ورنہ
یہ اتنا کارِ آساں اس قدر دشوار کیوں ہوتا

نہیں معلوم اب کی سال میخانہ پہ کیا گزرا
ہمارے توبہ کر لینے سے پیمانہ پہ کیا گزرا

مجھے زنجیر کر رکھا ہے ان شہری غزالوں نے
نہیں معلوم میرے بعد ویرانہ پہ کیا گزرا

جو کچھ کہیں یہ تجھ کو یقیں ہے سزا تری
بندہ جو توبتوں کا ہوا کیا خدا نہ تھا

اس کم نگہی سے کب بجھتی ہے عطش دل کی
ساقی مجھے اتنی سی مے پینے سے کیا ہو گا

کہتے ہیں کہ تسخیریں آئینہ کو آتی ہیں
دل سے نہ ہوا جو کام آئینے سے کیا ہو گا

مستوں کا غبارِ دل کچھ مے نے نہیں چھوڑا
زاہد گزر اب تو بھی اس کینے سے کیا ہو گا

سریرِ سلطنت سے آستانِ یار بہتر تھا
ہمیں ظلِ ہما سے سایۂ دیوار بہتر تھا

یہ بیمار آپ مر جاتا، جو جیتا اُن کے کام آتا
یقیںؔ کو مار کر زور آور ان کے ہاتھ کیا آیا

کیا بدن ہو گا کہ جس کے کھولتے جامہ کا بند
برگِ گُل کی طرح ہر ناخن معطّر ہو گیا

تری آنکھوں کی کیفیت کو میخانے سے کیا نسبت
نگہ کی گردشوں کو دورِ پیمانے سے کیا نسبت

یہ جیو سے ہجر میں، وہ وصل میں بھی جی نہیں سکتا
تکلف برطرف بلبل کو پروانے سے کیا نسبت

یقیں تائیدِ حق سے شعر کے میداں کا رستم ہے
مقابل آج اس کے کون آسکتا ہے کیا قدرت

زخمِ دل ہونے دے ناسور نہ کر اس کا علاج
درد میں جو کہ مزا ہے نہیں درماں کے بیچ

جی نکل جاتا ہے میرا جب کبھی آتی ہے یاد
وہ قسم کھا کر اسی ساعت مکر جانے کی طرح

کون دیکھے قامتِ رعنا پہ تیرے جز یقیںؔ
غیر شاعر کون دے اس مصرعۂ موزوں کی داد

گرچہ ہوں غرق بہ خوں عشق میں خوباں کے یقیںؔ
لیک دامن ہے مرا گُل کی طرح پاک ہنوز

سحر کے ڈورے جو سنتے تھے سو اب دیکھے یقیںؔ
دل کھنچا جاتا ہے اس زلف پریشاں کی طرف

فصلِ گُل کی ہم اسیروں کو خبر کب ہے ولے
ان دنوں میں شور سا کچھ ہے گلستاں کی طرف

اُٹھ گیا کہتے ہیں دیوانہ یقیںؔ دنیا سے ہائے
اُن نے کیا آباد کر رکھا تھا ویرانے کے تئیں

فیض ہوتا ہے کہیں پر، نہ مکاں پر نازل
ہے وہی طور ولے شعلۂ دیدار کہاں

باغباں در نہ بند کر آخر
ہم کہاں، تو کہاں، بہار کہاں

بِن چاک سینہ بیچ محبت کی جا نہیں
جس گھر کا در کھلا نہیں اس میں ہوا نہیں

ہیں تشو تشو التفات تغافل میں یار کے
بیگانگی سے اس کے کوئی آشنا نہیں

شکوہ جفا کا یار سے کرنا بجا نہیں
بندوں کو اعتراض خدا پر بجا نہیں

وہ کون دل ہے جہاں جلوہ گر وہ نور نہیں
اس آفتاب کا کس ذرّے میں ظہور نہیں

تو نے ہم پر جو جفا کی ہے سو مذکور نہیں
تس پہ ہم نے جو وفا کی ہے سو منظور نہیں

یہ بلبلوں کا صبا مشہدِ مقدس ہے
قدم سنبھال کے رکھیو یہ تیرا باغ نہیں

بلائے عقل سے کچھ چھوٹنے کی راہ نہیں
بغیر میکدہ یاروں کہیں پناہ نہیں

تماشا کر تصور کو کہ ہر اک اشک میں میرے
تری صورت نظر آتی ہے جوں شیشہ میں تصویریں

کرتا ہے کوئی یاراں اس وقت میں تدبیریں
مرتا ہے یہ دیوانہ اب کھول دو زنجیریں

حق کو یقیں کے یاروں برباد مت دو آخر
تم نے سخن کی طرزیں اس سے اُڑائیاں ہیں

یقیں مارا گیا جرم محبت پر زہے طالع
شہادت اس کو کہتے ہیں، سعادت اس کو کہتے ہیں

نہیں ہوں منکرِ مے اہلِ میخانہ سے کہہ دیجو
نہیں کی جی سے میں نے توبہ پیمانہ سے کہہ دیجو

کہا جاتا نہیں کچھ مجھ سے جو تو کہہ سکے کہیو
مری اس بے زبانی پر نظر اے نامہ بر کیجو

یہ محرابِ نمازِ بے خودی ہے زاہدو سمجھو
خدا کے واسطے مستوں کے پیمانے کو مت چھیڑو

مسافر ہو کے آئے ہیں جہاں میں تس پہ وحشت ہے
قیامت تھی اگر ہم اس خرابے میں وطن کرتے

اس بسنتی پوشش سے آغوش رنگیں کیجیے
جی میں ہے اس مصرعۂ موزوں کو تضمیں کیجیے

قاتل ہماری لاش کی تشہیر ہے ضرور
آئندہ تا کوئی نہ کسو سے وفا کرے

خلوت ہو اور شراب ہو، معشوق سامنے
زاہد تجھے قسم ہے جو تو ہو تو کیا کرے

حیا و شرم سے کیونکر کوئی حذر نہ کرے
ادب سے تجھ پہ کوئی کب تلک نظر نہ کرے

حق مجھے باطل آشنا نہ کرے
میں بتوں سے پھروں، خدا نہ کرے

جو مجنوں آہوانِ دشت سے خوش تھا تو وہ جانے
یقیں ہم تو دوانے ہیں انہیں شہری غزالاں کے

خبر کیا پوچھیے مرغِ چمن سے آشیانے کی
اسیروں کو توقّع کب ہے پھر گلشن میں جانے کی

شبِ ہجراں کی وحشت کو تو اے بیداد کیا جانے
جو دن پڑتے ہیں راتوں کو مجھے تیری بلا جانے

گنہگاروں کو ہے اُمید اس اشکِ ندامت سے
کہ دامن شاید اس آبِ رواں سے پاک ہو جاوے

اپنے بندوں کو جلا کر خاک کرتے ہیں یقیں
ان بتوں کی ضد سے ہو جاؤں مسلماں تو سہی

مقابلے میں وفا کے جو یہ جفا ہووے
کہو کسی کا کوئی کیونکہ آشنا ہووے

اگر بخیر ہمیں یاد کر نہیں سکتا
کبھو برا ہی ہمیں کہہ ترا بھلا ہووے

یقیں ہوا مجھے قطرہ سے اشک کے معلوم
نہ اٹھ سکے جو کوئی آنکھ سے گرا ہووے

کچھ رنگ نہیں نغمہ و آہنگ میں اس کے
بلبل جو بہاراں میں گرفتار نہ ہووے

دل جل جو گیا خوب ہوا، سوختہ بہتر
وہ جنس ہی کیا جس کا خریدار نہ ہووے

اگر دینی ہو دل کی داد جتنا اُس کا جی چاہے
تو کرنے دو اسے فریاد جتنا اُس کا جی چاہے

نہیں ممکن کہ ہم کعبہ کو جائیں چھوڑ بُت خانہ
کرے واعظ ہمیں ارشاد جتنا اس کا جی چاہے

اب تو کرے نگہۂ لطف کہ ہو توشۂ راہ
کہ کوئی دم میں یہ بیمار سفر کرتا ہے

عمر فریاد میں برباد گئی کچھ نہ ہوا
نالہ مشہور غلط ہے کہ اثر کرتا ہے

اگرچہ عشق میں آفت ہے اور بلا بھی ہے
نرا بُرا نہیں یہ شغل کچھ بھلا بھی ہے

نپٹ سونی ہیں گلیاں خاطرِ طفلاں پریشاں ہے
کہو مجنوں کو تجھ بن خانۂ زنجیر ویراں ہے

عشق تیرے سے لگاوے نہ خدا عار مجھے
نہ کرے دام رہائی میں گرفتار مجھے

کب ہوس ہے مجھ کو رسوائی کی لیکن کیا کروں
کھینچ کر لائی ہے اس کوچے میں لاچاری مجھے

حرم کو چھوڑ دل بے طرح بت خانہ پہ چلتا ہے
توقع باز رکھنے کی نہیں اس کو خدا رکھے

ہمیں دوزخ سے مت اتنا ڈرا زاہد کہ ظاہر ہے
خدا ایسا ستم کب اپنے بندوں پر روا رکھے

سکوت اہل سخن کا بھی نہیں خالی افادہ سے
قلم کی طرح خاموشی میں یہ رکھتا ہے گویائی

ٹک اک انصاف کر اتنی بھی کرتا ہے جفا کوئی
کرے گا بعد میرے کس توقع پہ وفا کوئی

عجب سچ سے کیا ہے قتل مجھ کو اس کو مت ٹوکو
طلب کرتا ہے ایسے قاتلوں سے خوں بہا کوئی

سراج اورنگ آبادی

نام سید سراج الدین۔ تخلص سراج۔ والد کا نام سید درویش تھا جن کا ذریعہ معاش معلمی کا پیشہ تھا۔

پیدائش ۱۱۲۸ھ مطابق ۱۷۱۵ء۔ وفات ۱۱۷۷ھ مطابق ۱۷۶۳ء

سراج سادات کے ایک برگزیدہ خاندان سے تعلق رکھتے تھے۔ ان کے اجداد اورنگ آباد کے مشائخین میں سے تھے۔

بارہ سال کی عمر تک اپنے والد سے تعلیم و تربیت حاصل کی۔ اس کے بعد طبیعت پر وحشت طاری ہو گئی جنگلوں میں نکل جاتے کبھی کسی مزار پر بیٹھے ہوئے نظر آنے تو ان کے والد پکڑ کر واپس لے آتے۔ لیکن وہ پھر گھر سے بھاگ جاتے۔ سید درویش کی اکلوتی اولاد تھے۔ نتیجہ عرصہ پابہ زنجیر رکھا گیا۔ سات سال تک یہ کیفیت رہی، جب افاقہ ہوا تو شاہ عبدالرحمٰن چشتی کے ہاتھ پر بیعت کی اور جب تک مرشد زندہ رہے اُن کے قدموں سے جدا نہ ہوئے اور انہی کے فیض صحبت سے سراج ایک باکمال صوفی ہو گئے۔ ۱۱۶۱ھ میں شاہ صاحب کا انتقال ہوا۔ اس کے کچھ عرصہ بعد سراج ترک لباس کر کے فقیرانہ زندگی بسر کرنے لگے۔

سراج کی شاعری ان کی صحرانوردی اور بے خودی کے زمانے میں شروع ہوئی، ابتدا میں فارسی شعر موزوں کرتے تھے۔ اُردو شاعری کا آغاز بیعت کے بعد ہوا۔ اور بہت جلد ان کا اُردو دیوان مرتب ہو گیا جس میں تقریباً پانچ ہزار اشعار تھے۔ اُن کے اشعار

اُن کے برادرِ طریقی عبدالرسول خاں جمع کر لیا کرتے تھے۔

سراج کا ضخیم کلیات جس میں غزلیں، مثنویاں، قصیدے، رباعیات وغیرہ شامل ہیں صرف پانچ چھے سال کے عرصے میں لکھا گیا۔ سراج کی ایک مثنوی "بوستانِ خیال" ہے جس کو ان کی آپ بیتی کہا جاتا ہے۔ یہ طویل مثنوی صرف دو دن میں مکمل ہوئی۔ اس کے بعد مُرشد کے حکم پر غزل گوئی ترک کر دی۔ شعر گوئی ترک کرنا ایک شاعر کے لیے ممکن نہ تھا اس لیے خیال ہے کہ مثنویاں اس کے بعد بھی لکھتے رہے۔ ساتھ ہی مطالعہ جاری رہا۔ اور فارسی اساتذہ کے کلام کا ایک انتخاب "منتخب دیوانہا" کے نام سے تیار کیا۔

قیاس کیا جاتا ہے کہ سراج نے شادی نہیں کی تھی۔

سراج قدیم اور جدید دکنی اردو شاعری کے درمیان ایک بہت اہم رابطے کی حیثیت سے سامنے آتے ہیں۔

دکن کی ریاستوں کے زوال کے بعد جہاں قدیم اُردو شاعری کی نشو و نما ہوئی تھی۔ اورنگ آباد کی سرزمین کو علمی اور ادبی مرکز کی حیثیت حاصل ہو گئی تھی سراج کی شاعری کا وہی زمانہ تھا جب اُن کے پیش رو اور ہم وطن ولی کی شاعری کی گونج دکن سے دہلی تک پہنچ چکی تھی اور اردو شاعری میں ایک نئے رنگ کا آغاز ہو رہا تھا۔ سراج اس زمانے کے اہم ترین شاعر ہیں۔ ولی کے انتقال کے بعد شاعری میں سراج اُن کے جانشین سمجھے جاتے تھے۔

سراج کے کلام میں سوز و گداز بھی ہے اور سادگی اور بے ساختگی بھی۔ ان کی شاعری میں مقامی رنگ کے ساتھ ساتھ فارسی شاعری کا اثر بھی بڑے دل پذیر انداز میں نظر آتا ہے۔

سراج کی شاعری میں عشق مرکزی حیثیت رکھتا ہے۔ اُن کی زندگی عشق و محبت اور شعر و سخن کی زندگی تھی۔ سراج نے اپنی ساری عمر عشقِ الٰہی اور کیف و سرخوشی کے عالم میں گزاری۔ وہ ایک صاحبِ کمال صوفی تھے۔ اُن کے مرید اور شاگرد بہ کثرت تھے۔ جن میں صاحبِ حیثیت لوگ بھی تھے جو اُن کی خدمت کو عین سعادت سمجھتے تھے۔ حصولِ معاش کا کوئی مستقل

ذریعہ نہیں تھا۔ نہ کسی امیر کے دامانِ فیض سے وابستہ ہوئے نہ ارکین سلطنت سے انھوں نے کوئی تعلق پیدا کیا۔ انھوں نے بغیر خواہش بہت کچھ حاصل کیا اور جو کچھ ملا وہ راہِ الٰہی میں صرف کر دیا۔

سراجؔ کے ہم عصر اُن کے ذاتی اوصاف اور شعری کمالات دونوں کا اعتراف اور احترام کرتے تھے۔

سراجؔ نے ہر صنفِ سخن میں طبع آزمائی کی لیکن غزل اور مثنوی میں انھیں لازوال شہرت نصیب ہوئی۔

یہ انتخاب "سراجِ سخن"، مرتبہ عبدالقادر سروری (مطبوعہ ۱۹۳۶ء، حیدرآباد دکن) سے کیا گیا ہے۔

حالاتِ زندگی "سراج اورنگ آبادی۔ شخصیت وفن"، (مرتبہ پروفیسر سید شفقت رضوی) سے حاصل کیے گئے۔

انتخابِ کلام

میرے جگر کے درد کا چارا کب آئے گا
اک بار ہو گیا ہے، دو بارا کب آئے گا

پتلی ہمارے نین جھروکے میں بیٹھ کر
بیکل ہو جھانکتی ہے پیارا کب آئے گا

آیا پیا، شراب کا پیالا پیا ہوا
دل کے دیے کی جوت سے کاجل دیا ہوا

میں نہ جانا تھا کہ تو یوں بے وفا ہو جائے گا
آشنا ہو اس قدر نا آشنا ہو جائے گا

آبِ رواں ہے حاصلِ عمرِ شتاب رَو
لوحِ فنا میں نقش نہیں ہے ثبات کا

رخسارِ یار حلقۂ کاکل میں ہے عیاں
یہ چاند ہے سراجؔ اماوس کی رات کا

نہیں رہا سخن آب دار کا موتی
سراجؔ طبع کے سب جوہروں کو رول چکا

بے فکر میں نہیں کہ صنم مست خواب ہے
کیا کیا بلا کرے گا جو بیدار ہووے گا

پنہاں رکھا ہوں درد کو، لوہو کے گھونٹ پی
کہتا نہیں کسی سے کہ اظہار ہوئے گا

دو رنگی خوب نئیں یک رنگ ہو جا
سراپا موم ہو یا سنگ ہو جا

کہا کس تیرہ دل نے تجھ کو اے غم
کہ دل کی آرسی پہ زنگ ہو جا

مت کرو شمع کو بدنام جلاتی وہ نہیں
آپ سے شوق پتنگوں کو ہے جل جانے کا

ٹک ماہِ نو کی جانب اے ماہ رو نظر کر
خم ہو ترے جنوں کو کرتا سلام گویا

شعرِ سراج از بس عالم میں ہے زباں زد
دیوان کی زمیں ہے دیوانِ عام گویا

دھوپ میں غم کی عبث دل کو جلایا افسوس
اس کے سائے میں اماں تھا مجھے معلوم نہ تھا

شبِ ہجراں کی نہ تھی تاب مجھے مثلِ سراج
رُخ ترا نور فشاں تھا مجھے معلوم نہ تھا

جس کا دل شوق میں جیوں آئینہ حیراں نہ ہوا
سب ہوا لائقِ ہم چشمیٔ حیراناں نہ ہوا

مل گیا شوق کے شعلوں میں سراج
اپنی دانست میں بے جا نہ گیا

لیا کاسۂ سر کو وہ ہاتھ میں
ترے وصل کا جو سوالی ہوا

لباسِ بسنتی ترا دیکھ کر
مجھ آنکھوں کا آنسو گلابی ہوا

مذہبِ زاہداں سے برتر ہے
عاشقِ پاکباز کا مشرب

وصل کے دن شبِ ہجراں کی حقیقت مت پوچھ
بھول جاتی ہے مجھے صبح کو پھر شام کی بات

لذتِ شبِ وصال کی مت پوچھ صبح کوں
رہتا نہیں فجر کو مجھے شب کا خواب یاد

آشتابی کہ آج بیکل ہوں
طاقتِ انتظار نئیں ہرگز

مے کشانِ شرابِ وصلت کوں
روزِ محشر خمار نئیں ہرگز

اے باغِ حیا دل کی گرہ کھول، سخن بول
تنگی ہے مرے حال پہ اے غنچہ دہن بول

آتی ہے تجھے دیکھ کے گل رو کی گلی یاد
اے بلبلِ بیتاب مجھے اپنا وطن بول

خاموش نہ ہو سوزِ سراج آج کی شب پوچھ
بھڑکی ہے مرے دل میں ترے غم کی اگن بول

کون کہتا ہے جفا کرتے ہو تم
شرطِ معشوقی وفا کرتے ہو تم

ہم شہیدوں پر ستم ابھی تیرے رہو
خوب کرتے ہو، بجا کرتے ہو تم

سراج آتشِ عشق میں جل گیا ہے
پتنگوں کی آخر یہی ہیں سزائیں

خوبوں کو روا ہے قتلِ عاشق
اس شہر میں رسمِ خوں بہا نئیں

اگن میں ہجر کی جلتا ہوں میں سدا جاناں
زلالِ وصل سے یہ آگ آ بجھا جاناں

چھپا نہیں ہے کہیں آفتاب پردے میں
عبث نقاب میں چہرے کو مت چھپا جاناں

نہ پوچھو، خود بہ خود تعریف اُس قامت کی کرتا ہوں
کہ یہ مضمون مجھ کو عالمِ بالا سے آتے ہیں

یار کوں بے حجاب دیکھا ہوں
میں سمجھتا ہوں خواب دیکھا ہوں

یہ عجب ہے کہ دن کو تاریکی
رات کو آفتاب دیکھا ہوں

جس کوں راہِ چشم سے خونِ جگر جاری نہیں
یوں ہوا معلوم اُس کوں زخمِ دل کاری نہیں

طبع نازک سے تری ڈرتا ہوں ورنہ اے صنم
جاں نثاری تجھ قدم پر مجکو دشواری نہیں

ڈوب جاتا ہے مرا جی جو کہوں قصۂ درد
نیند آتی ہے مجھی کو مرے افسانہ میں

اس ادب گاہ کو تو مسجدِ جامع مت بوجھ
شیخ بے باک نہ جا گوشۂ میخانہ میں

گردشِ مے سوں آج فارغ ہے
جس نے دیکھا ہے خوش نین کے نین

کیا ہوئے گا سنو گے اگر کان دھر کے تم
گزریں برہ کی رات جو مجھ پر کہانیاں

دامن تلک بھی ہائے مجھے دسترس نہیں
کیا خاک میں ملی ہیں مری جاں فشانیاں

کب تک روا رکھو گے تغافل سراج پر
اب اس قدر بھی خوب نہیں سرگرانیاں

مری آنکھوں کے دونوں پٹ کھلے ہیں انتظاری میں
بہانہ مت کرو گر تم کو آنا ہے تو آجاؤ

زہر شیریں نگہۂ لطف کا کافی ہے مجھے
جان لینا ہے تو مت تیغِ تغافل کھینچو

محراب بیچ سجدہ ریائی ہے زاہدو!
ان ابروؤں کو دیکھ کے قامت کو خم کرو

کبھی تم مول لینے ہم کو ہنس ہنس بھاؤ کرتے ہو
کبھی تیرِ نگاہِ تُند کا برساؤ کرتے ہو

دلِ آشفتہ کا مرے احوال
اس کی زلفِ سیاہ سے پوچھو

بے گناہوں کو کیوں کرے ہے شہید
اپنی تیغِ نگاہ سے پوچھو

اے دوست تلطف سے مرے حال کو آ دیکھ
سینہ کی اگن مہر کے پانی سے بجھا دیکھ

پلا کر جام اپنی چشم کی گردش سے پے در پے
کیا ساقی نے مجھ کو بے خبر آہستہ آہستہ

ہے ترے قد پہ زلف خم در خم
نخلِ صندل پہ ناگ جیوں لٹکے

زاہدِ خشک کوں شراب نہ دے
آگ دے خار و خس کو آب نہ دے

جہاں مجھ غم کی آتش جلوہ گر ہے
وہاں دوزخ کا قصّہ مختصر ہے

جس کی طرف ادا سے وہ ساقی نظر کرے
کونین کے خیال ستی بے خبر کرے

میں وقت پا کے اس کو سناؤں گا یہ غزل
دردِ دل سراج گر کچھ اثر کرے

ہوش کھونے کو مے نہیں درکار
گردشِ چشم مست کافی ہے

پوچھتا ہے وہ قدرِ شعرِ سراج
جو ادا فہم اور سخن داں ہے

بھڑکے ہیں مرے دل میں برہ آگ کے شعلے
وہ جانِ سراج آکے بجھا دے تو بجا ہے

تجھ جدائی میں مرے سر پہ غضب کیسا ہے
رات آئی ہے مری جان کو دن بیتا ہے

مری آنکھوں کے دونوں پٹ کھلے تھے انتظاری میں
سو ویسے میں یکایک دیکھتا کیا ہوں، کہ آتا ہے

خبرِ تحیرِ عشق سن ، نہ جنوں رہا نہ پری رہی
نہ تو تُو رہا ، نہ تو میں رہا، جو رہی سو بے خبری رہی

شہِ بے خودی نے عطا کیا مجھے اب لباسِ برہنگی
نہ خرد کی بخیہ گری رہی، نہ جنوں کی پردہ دری رہی

ابھی سمت غیب سیں کیا ہوا، کہ چمن ظہور کا جل گیا
مگر ایک شاخِ نہالِ غم، جسے دل کہو سو ہری رہی

نظرِ تغافلِ یار کا، گلہ کس زباں سیں کروں بیاں
کہ شرابِ صد قدح آرزو خمِ دل میں ہے سو بھری رہی

وہ عجب گھڑی تھی میں جس گھڑی لیا درس نسخۂ عشق کا
کہ کتاب عقل کی طاق میں جو دھری تھی تیوں ہی دھری رہی

ترے جوشِ حیرتِ حسن کا اثر اس قدر سیں یہاں ہوا
کہ نہ آئینہ میں جلا رہی، نہ پری کوں جلوہ گری رہی

کیا خاک آتشِ عشق نے دلِ بے نوائے سراج کوں
نہ خطر رہا، نہ حذر رہا، مگر ایک بے خطری رہی

شاہ قاسم اورنگ آبادی

نام شاہ قاسم تخلص قاسم۔ اورنگ آباد میں بارھویں صدی ہجری کے ربع اول میں پیدا ہوئے ۱۱۹۵ھ مطابق ۱۷۸۱ء تک زندہ تھے جس کا اشارہ ان کے اشعار سے ملتا ہے۔

شہنشاہ اورنگ زیب کے زمانے میں شمالی ہند سے آنے والی فوج اپنے ساتھ شمالی ہند کی زبان بھی لے کر آئی۔ جس کا اثر سراج اورنگ آبادی، شاہ قاسم اور ان کے معاصر شعرا کے کلام میں نمایاں نظر آتا ہے جنھوں نے قدیم دکنی اردو کی جگہ شمالی ہند کی اردو کے الفاظ اور رسمِ تحریر دونوں کو بڑے واضح طور پر اپنا لیا ہے۔ بعض جگہ قدیم الفاظ اور نامانوس اندازِ تحریر بھی ملتا ہے۔ بعض الفاظ کا املا مختلف ہے۔ اس کے باوجود ان شعرا کی زبان اور اندازِ بیان کا رنگ اُن کے ہم عصر شمالی ہند کے شعرا سے ملتا جلتا ہے۔

شاہ قاسم کو فارسی اور اردو پر عبور حاصل تھا۔ ان کے کلام میں فارسی ترکیبیں اور اردو محاورے کافی تعداد میں موجود ہیں۔

قاسم، سراج اورنگ آبادی کے معاصر تھے۔ دکنی اردو کے الفاظ اُن کے یہاں ملتے ہیں۔ لیکن اس میں شک نہیں کہ اُنھوں نے زبان کو صاف کیا ہے۔

دکن کے شعرائے دہلی کے شعرا سے متاثر تھے۔ قاسم کے دیوان میں جانجاناں، آبرو، حاتم، تاباں اور یقین کی طرح میں غزلیں موجود ہیں ــــ قدرتِ کلام حاصل تھی اور کلام میں صفائی اور روانی ہے۔ ان کا مسلک صوفیانہ تھا جس کا اندازہ ان کے اشعار سے ہوتا ہے۔ قاسم کے کلام میں تصوف اور اخلاق کا عنصر زیادہ ہے۔ آخر عمر میں

حیدر آباد چلے گئے تھے اور غالباً وہیں وفات پائی۔

یہ انتخاب دیوانِ قائم، مرتبہ محمد سخاوت مرزا (مطبوعہ ۱۹۶۰ء) ۔ انجمن ترقی اردو پاکستان، سے کیا گیا ہے۔

انتخابِ کلام

کسی کو دولت و زر حق نے بے شمار دیا
کسی کو فقر و بزرگی میں افتخار دیا

کسی کو شوخی و طنازی و دماغ بلند
کسی کو عجز و غریبی و انکسار دیا

ہزار شکر کہ شہ قاسم اس زمانے میں
ترے سخن کو یہ مولا نے اشتہار دیا

مرے سخن پہ کرم کی نگاہ فرمانا
فقیر بھول گیا ہو تو راہ فرمانا

بجا ہے دوست مرا درد سن کے غم کھائے
جو کچھ نہ ہو تو زباں سے اک آہ فرمانا

جاتا ہے کدھر شہرۂ آفاق، اِدھر آ
دیوانے ترے بیٹھے ہیں مشتاق اِدھر آ

اِک بات سُن اے شمع خود افروز ستم ساز
اے رونقِ بزم دلِ عشّاق اِدھر آ

منہ پھیر رقیبوں سیں، نہ اب ہم سیں تغافُل
اے اہلِ کرم صاحبِ اخلاق اِدھر آ

پیارے کرم ضرور ہے قاسم کے حال پر
مجھ سیں اگر قصور ہوا ہے تو بھول جا
مجھ سے

ٹک آنکھ کھول ذرا یار مُسکرا کے دیکھ
ہے آرزو کہ تجھے بے حجاب نئیں دیکھا

خدا جانے مرا دل کیا کرے گا
مجھے کس کس طرح رسوا کرے گا

مجھ دلِ بے تاب کا کیا پوچھنا
پارۂ سیماب کا کیا پوچھنا

شاہ قاسم پاس ہو وہ مہ جبیں
اس شبِ مہتاب کا کیا پوچھنا

اہلِ معنی جو سخن ور ہوئے گا
وہ مرا شائق مقرر ہوئے گا

نام سُن جس کا مرے اُڑ گئے ہیں ہوش
یار وہ کیسا ستمگر ہوئے گا

شعر کا چرچا مرے اب دن بہ دن
از دکن تا ہند گھر گھر ہوئے گا

منہ پہ کچھ، دل میں کچھ، زباں سے کچھ
کیا بھروسہ ہے ایسے یاروں کا

لٹک چلنا ادا سیں مُسکرانا
ہے خوبی کس میں ایسی سہج بتانا

دو عالم مجھ سیں پھر جاتا ہے ظالم
ترے تئیں سہج ہے آنکھیں پھرانا

تمام عمر کٹی آرزو میں شہہ قاسم
رفیقِ دلبرِ قائم مزاج نئیں ملتا

لالہ ! نہ جان ہم کو ہزاروں کے آشنا
یک گُل کے دوست ہیں نہ کہ خاروں کے آشنا

ہم آج کل کے تئیں تری موجوں میں اے میاں
ہیں بحرِ بے خودی کے کناروں کے آشنا

کوئی پوچھے مرے کلیجے سے
طور اُس کی نگہ کے بھالے کا

یہ جہاں نقشِ آب ہے صاحب
دمِ ہستی سراب ہے صاحب

دوستی کا مزا جیسے لگتا ہے
جبھی تک
جب تلک آب و تاب ہے صاحب

پچھتائے گا نہ ایسے شکستہ دلوں کو چھیڑ
اے خانماں خراب فقیروں سے مت بحث

صرف ہم سے نئیں ہے وہ بانکی نین خونخوار کج
زلف کج، ابرو کج و مژگاں کج و رفتار کج

جب پی پیالہ شوق کا آدیں نشہ کے بیچ
میخانے سب جہاں کے لُٹا دیں نشہ کے بیچ

دیکھا ہوں تجھ کو شوخ نین سر سے پاؤں لگ
تک
ناز و ادا ہے تجھ میں موہن سر سیں پاؤں لگ

عجب جہان کا اطوار ہے کسی سیں نہ مل
گر آبرو تجھے درکار ہے کسی سیں نہ مل

کسی کے پھیر کرم پر نہ رکھ تو چشمِ اُمید
کرم خدا کو سزاوار ہے کسی سیں نہ مل

اے کرم بخش ساقیٔ فیاض
اب کے اس فصلِ گُل میں ہم کو نہ بھول

بے خبر رسوا نہیں ہوتا ہوں میں
جانتا ہوں میں دغا کرتے ہو تم

ترے دیوانے کم ہوویں گے ایسے
کہ جیسے ایک بے زنجیر ہیں ہم

ہے قاسم بندگی میں لاعلاجی
وگرنہ صاحبِ تدبیر ہیں ہم

دلبرِ مونس و غم خوار کہاں ملتے ہیں
یار گُل رنگ وفادار کہاں ملتے ہیں

اور دیتے ہیں پرائے دلِ نازک کو شکست
دل شکستوں کے خریدار کہاں ملتے ہیں

شہ قاسمِ بے کس کے گناہوں کو نہ پوچھو
یارب! ترے عالم میں گناہ گار بہت ہیں

کہاں ہے طالبِ جامِ ہدایت
وہی ساقی ہے میخانے بہت ہیں

سخن وہ ہے کہ جو ہووے اثر بخش
وگرنہ قصّے افسانے بہت ہیں

دکن سے تا بہ ہندوستان قاسم
تری باتوں کے دیوانے بہت ہیں

دنیا میں دل کسی سے لگانا بھلا نہیں
اس دوستی کے بیچ میں آنا بھلا نہیں

میں جس کو دل دیا سو وہ دشمن ہوا مرا
شہ قاسم اب سمجھ یہ زمانہ بھلا نہیں

ٹکڑے ہوا ہے شیشۂ دل غم کے سنگ سیں
دیکھو ہمارے حال کو چہرے کے رنگ سیں

پیارے ہمارے راز کو اظہار مت کرو
جو بے خبر ہیں ان کو خبردار مت کرو

جب آشنا ہوئے تو نبھانا سبھی طرح
یا ابتدا کسی سے محبّت نہ کیجئے

غم ترا دل میں چھپ کے آتا ہے
رفتہ رفتہ کہیں یہ گھر نہ کرے

یہ سیہ چشم آشنا کس کے
کام اپنا کیا و بس کھسکے

مول لو ہم کو دلبری سیں میاں
مفت بکتے ہیں یار لکھ لیجے

خونِ دل میں تمہیں معاف کیا
نئیں گر اعتبار لکھ لیجے

اگر دیکھیں گے ایسی کج نگاہی
تو بس دوری سے پھر جایا کریں گے

قیامت تک تمہارے شاہ قاسم
سخن عالم کو یاد آیا کریں گے

مرا غم بجز جانِ جاناں نہ جانے
یہ دل ہر کسی سے پچھانا نہ جانے
پہچانا

محبت ہے یہ مظہرِ گنجِ مخفی
کبھی عاشقوں کا خزانہ نہ جاوے

زنہار گل رخوں کا تماشا نہ چھوڑیے
ملنے کی دلبروں کی تمنا نہ چھوڑیے

اُس سرو قد کی راہ میں گر سر گیا، تو جائیے
اپنا خیالِ سایۂ طوبیٰ نہ چھوڑیے

نقصان سہیے جان کا بازارِ عشق میں
لیکن بتوں کی زلف کا سودا نہ چھوڑیے

نہ تو صحرا میں ہے راحت نہ اسے گلشن میں
ہائے یا رب یہ کدھر کو دلِ رسوا جائے

ایک دلدار بھی نہیں پایا
ہم ہزاروں سیں دل لگا دیکھے

ہم ہیں ثابت قدم محبت میں
شوق ہو جس کا آزما دیکھے

جہاں ناشاد، عالم بے وفا اور یار بے پروا
ارے دل کس کے آگے نالہ و فریاد کرتا ہے

شیخ ظہور الدین حاتم

نام ظہور الدین اور تخلص حاتم تھا۔ مشہور شاہ حاتم کے نام سے ہوئے۔ ان کے والد کا نام شیخ فتح الدین تھا جو سپاہی پیشہ تھے۔ پیدائش ۱۱۱۱ھ مطابق ۱۶۹۹ء وفات ۱۱۹۷ھ مطابق ۱۷۹۲ء۔

فنِ شاعری کے ساتھ انہوں نے فنِ سپہ گری میں بھی مہارت حاصل کی تھی۔ شاہ حاتم کی زندگی کا ابتدائی زمانہ افلاس اور احتیاج کے عالم میں بسر ہوا۔ ۱۱۳۲ھ کے قریب ان کا دیوان مرتب ہو کر دور و نزدیک ان کی شہرت کا باعث بنا اور ان کی رسائی شاہی دربار تک ہوئی۔ محمد شاہ کے مصاحبِ خاص عمدۃ الملک نواب امیر خاں کا قرب حاصل ہوا اور ان کی زندگی عیش و عشرت کے ساتھ گزرنے لگی۔

سلطنت کے زوال کے ساتھ ایک بار پھر حاتم کی زندگی میں آزمائشوں کا دور شروع ہو گیا لیکن اب انہوں نے فسق و فجور سے توبہ اور ترک علائق کر کے درویشی کی راہ اختیار کی۔ اس کے بعد حاتم صحیح معنوں میں صوفی و درویش ہو گئے تھے۔ باقی زندگی انہوں نے اسی قلندرانہ وضع میں بسر کی۔

شاہ حاتم اپنے عہد کے صرف غزل گو شاعر ہی نہیں تھے بلکہ انھوں نے دیگر اصنافِ سخن میں بھی طبع آزمائی کی ہے۔ شاہ حاتم نے محمد شاہی عہد کی ابتدا سے شاعری کا آغاز کیا اور شاہ عالم ثانی کے عہد تک تقریباً ستر سال باقاعدگی سے تخلیق شعر کرتے رہے۔

اردو شاعری اس طویل عرصے میں دو بڑے شعری رجحانات سے دوچار ہوئی۔ اور شعری لسانیات کے اعتبار سے بھی اس دوران میں بڑی تبدیلیاں ہوئیں۔ شاہ حاتم کا کلام ان رجحانات اور تبدیلیوں کا آئینہ دار ہے۔ پہلی بڑی شعری تحریک یا رجحان، ایہام گوئی کا تھا۔ جو اس زمانے کے درباری مجلسی رنگ سے ہم رنگ تھا۔ یہ رجحان محمد شاہ کے آخری عہد میں حالات کی تبدیلی کے ساتھ سادہ گوئی اور جذبات نگاری میں تبدیل ہوگیا۔ شاہ حاتم کے یہاں اس تبدیلی کی واضح طور پر نشاندہی ملتی ہے۔ یہ امر حاتم کے اعلیٰ تنقیدی شعور کی دلیل ہے۔ انھوں نے نئے رجحانات کو لبیک کہا۔ اپنے ضخیم دیوان سے غزلیات کا انتخاب کیا۔ زبان و بیان میں بہت سی تبدیلیاں کیں، اور اس مجموعۂ کلام کا نام "دیوان زادہ" رکھا۔ استاد الشعراء کی حیثیت سے شاہ حاتم کا شعری مرتبہ مسلّم ہے۔

یہ انتخاب دیوان زادہ، مرتبہ ڈاکٹر غلام حسین ذوالفقار (پروفیسر شعبۂ اردو، پنجاب یونیورسٹی) مطبوعہ ۱۹۷۵ء سے کیا گیا ہے۔ دیوان زادہ کے جس آخری نسخے کو بنیاد بنایا گیا ہے۔ وہ ۱۱۹۵ھ کا مکتوبہ ہے۔

انتخابِ کلام

جو ہیں اہلِ سخن حاتم اُنھیں مرنے سے کیا دہشت
مسیحا کی طرح جیویں قیامت تک سخن اُن کے

ہجر میں زندگی سے موت بھلی
کہ کہیں سب اُسے وصال ہوا

رات دن عالم میں جاری ہے مرا فیضِ سخن
گو کہ ہوں محتاج پر حاتم ہوں ہندوستاں کے بیچ

دل کی اس بات پر گواہی ہے
ہر طرف مظہرِ الٰہی ہے

کہیں وہ صورتِ خوباں ہوا ہے
کہیں وہ عاشقِ حیراں ہوا ہے

کہیں مست و کہیں ہوشیار ہے وہ
کہیں دانا کہیں ناداں ہوا ہے

کہیں لفظ و کہیں معنی کہیں حرف
کہیں پوتھی کہیں قرآں ہوا ہے

حیرت ہے مجھے یہی کہ اُس بِن
کس طرح سے اب تلک جیا ہوں

کرتا نہیں میں خوشامدِ خَلق
حاتم ہوں ازل سے بے ریا ہوں

اے قدر داں کمالِ حاتم دیکھ
عاشق و شاعر و سپاہی ہے

کس زباں سے کروں ترا شکوہ
جی میں کہتے حجاب آوے ہے

جس نے ویراں کیا ہے کعبۂ دل
پھر وہ خانہ خراب آوے ہے

نوجوانوں کو دیکھ کر حاتم
یاد عہدِ شباب آوے ہے

زیارت اہلِ دل کی طوفِ بیت اللہ ہے حاتم
ہم اپنے پیر و مرشد سے یہی ارشاد رکھتے ہیں

درد میرا کسو کے کہنے سے
تیرے ہو دل نشیں خدا نہ کرے

پاسِ ادب سے اس کے قدم تک نہیں مجال
ورنہ نہ پا شکستہ نہ دستِ بُریدہ ہوں

ابر میں یادِ یار آوے ہے
گریہ بے اختیار آوے ہے

اے صبا کِس طرف کو گزری تھی
تجھ سے بوئے نگار آوے ہے

ٹک ادھر بھی گزر کہ اس بُو سے
میرے دل کو قرار آوے ہے

پگڑی اپنی یہاں سنبھال چلو
اور بستی نہیں یہ دلّی ہے

دل کی مرے حقیقت کیا پوچھتے ہو یارو
یا حیرتِ تپاں ہے یا یادِ رفتگاں ہے

بَرس میں وہ کہیں بَرسے ہے یہ بَرسوں سے بَرسے ہے
مقابل مت کرو باراں سے میری چشمِ گریاں کو

عاشق کا جہاں میں گھر نہ دیکھا
ایسا کوئی در بدر نہ دیکھا

خوبانِ جہاں ہوں جس سے تسخیر
ایسا کوئی ہم ہنر نہ دیکھا

عاشقوں کے سیر کرنے کا جہاں ہی اور ہے
ان کے عالم کا زمین و آسماں ہی اور ہے

جب آپ سے ہی گزر گئے ہم
پھر کس سے کہیں کدھر گئے ہم

کیا کعبہ و دیر کیا خرابات
تو ہی تھا غرض جدھر گئے ہم

آئے تھے مثالِ شعلہ سرگرم
جاتے ہوئے جوں شرر گئے ہم

جز حسرتِ عمرِ رفتہ افسوس
کچھ آکے یہاں نہ کر گئے ہم

تو رنگِ گُل کے اوپر پھول مت کہ اے بُلبل
پلک کے مارتے فصلِ بہار گزرے ہے

دل ہے وابستہ تیرے دامن سے
دست میرا رسا نہیں تو نہ ہو

ہم تو تیری جفا کے بندے ہیں
تجھ میں رسمِ وفا نہیں تو نہ ہو

لطف، اس کا ستم سمجھتے ہیں
ایسی باتوں کو ہم سمجھتے ہیں

جس کو ہستی کہے ہے اہلِ جہاں
ہم تو اس کو عدم سمجھتے ہیں

دردِ دل کیا کہوں کسی سے کہ یار
درد کی بات کم سمجھتے ہیں

سیم بر اُٹھتے نہ تھے حاتم ہمارے پاس سے
جن دنوں ہم بھی کبھی دنیا میں زرداروں میں تھے

خوباں کو کس طرح سے لگا لے ہے بات میں
بندہ ہوں اپنی طبع ظرافت مآب کا

دن رات کے کھجوڑ کہاں تک اُٹھا سکیں
ہم دل جلوں کو اتنا نہ بیزار کیجئے

چُھپاتا کیا ہے منہ کب تک چھپے گا
تجھے سب شہر قاتل جانتا ہے

عاشق اُپر نہ جور وستم اس قدر کرو
عالم کا ڈر نہیں تو خدا کا تو ڈر کرو

اس دُکھ میں ہائے یار یگانے کدھر گئے
سب چھوڑ ہم کو غم میں نہ جانے کدھر گئے

کسو مذہب میں اور مشرب میں
ظلم اے مہرباں نہیں ہے درست

منہ سے ٹک دُور کر نقاب کے تئیں
لے غلامی میں آفتاب کے تئیں

ساقی تجھے کم ظرفی مستوں سے نہیں لازم
ترسا نہ مجھے کافر ساغر کے تئیں بھر دے

حاتم جہاں کو جان کے فانی خدا کو چاہ
اللہ بس ہے اور یہ باقی ہے سب ہوس

اُمید وار ہے درگاہ سے تری حاتم
کریم اپنے کرم سے اُسے نہ کر مایوس

کام فرما صبر کو اتنی بھی کیا فکرِ معاش
رزق تجھ کو ڈھونڈتا پھرتا ہے تو مت کر تلاش

جب سے تری ادائیں عالم کو بھائیاں ہیں
تب سے جہاں میں تو نے دھومیں مچائیاں ہیں

جس کو دیکھا سو یہاں دشمنِ جاں ہے اپنا
دل کو جانے تھے ہم اپنا سو کہاں ہے اپنا

آتی ہے صدائے جرس غنچہ یہ ہر سو
اس فصل گویا قافلۂ گل سفری ہے

تمہارے عشق میں ہم ننگ و نام بھول گئے
جہاں میں کام تھے جتنے تمام بھول گئے

گئے تھے زعم میں اپنے پر اس کو دیکھتے ہی
جو دل نے ہم سے کہے تھے پیام بھول گئے

تم سے مدت گزر گئی ہے کہ ہم
آرزوئے کلام رکھتے ہیں

زاہد درود و وظائف سے نہیں حاصل کار
جس کو ہو حسنِ اجابت وہ دعا اور ہی ہے

کہیو زباں سے بات سمجھ کر جو ہوش ہے
دیوار کے بھی ہم نے سُنا ہے کہ گوش ہے

درپے ہے عیب جُو ترے حاتم تو غم نہ کھا
دشمن ہے عیب جُو تو خدا عیب پوش ہے

اس درد کے اثر کا جو پوچھو بیاں نہیں
ہے کون سی زمیں کہ جہاں آسماں نہیں

امروز جو ہو سکے سو کر لے
فردا کی خبر نہیں کہ کیا ہے

خوش حال وہ کہ جن کو ہوئی رخصتِ چمن
ہم جھانک جھانک رخنۂ دیوار رہ گئے

نامہ بر دل کی تسلّی کے لئے بھیجوں ہوں
ورنہ احوال مرا قابلِ مکتوب نہ تھا

میر حسن

نام میر غلام حسن۔ تخلص حسن۔ پیدائش ۱۱۴۰ھ-۱۱۴۱ھ مطابق ۱۷۲۹ء، وفات ۱۲۰۱ھ مطابق ۱۷۸۶ء۔

دہلی میں پیدا ہوئے۔ میر حسن کے جدِ اعلیٰ میر امامی موسوی ہرات کے رہنے والے تھے۔ شاہجہاں کے عہد میں دہلی آئے۔ میر امامی موسوی بھی گاہے گاہے شعر کہتے تھے لیکن اس خاندان میں شاعری کا باقاعدہ سلسلہ میر حسن کے والد میر غلام حسین ضاحک سے شروع ہوا، اور پھر شعر و سخن میں اس خاندان کا نام بڑھتا گیا جب ایک کے بعد ایک ہوا۔

میر غلام حسین ضاحک غزل گو بھی تھے لیکن ان کی عام شہرت ایک ہجو نگار کی تھی۔ سودا کے ساتھ معرکے ہوئے۔ کہتے ہیں ابتدا میں سودا نے میر ضاحک کے سید ہونے کے خاندانی شرف کی وجہ سے ان کی ہجو سے گریز کیا لیکن تا بکے پھر سودا کے ساتھ ہجویات کا جو سلسلہ شروع ہوا وہ دونوں جانب سے آخر عمر تک قائم رہا۔

میر حسن کی نوجوانی کا زمانہ دہلی میں سیاسی انتشار اور معاشی بدحالی کا زمانہ تھا۔ ابتدائی تعلیم اپنے والد میر ضاحک کے زیرِ سایہ حاصل کی۔ دہلی کے سیاسی حالات ابتر تھے۔ حکومت کے خلاف پہلے مرہٹوں نے سر اٹھایا پھر نادر شاہ نے حملہ کر دیا۔ ایسے میں شرفا ترکِ وطن پر مجبور ہوئے۔ کسی نے فرخ آباد کا رخ کیا کوئی فیض آباد

پہنچا۔ میر حسن اور ان کے خاندان نے فیض آباد میں سکونت اختیار کی فیض آباد میں نواب سالار جنگ اور ان کے بیٹے نوازش علی خاں کے دربار سے میر حسن کی وابستگی کا ذکر ملتا ہے۔ کچھ وقت میر حسن نے لکھنؤ میں بھی بسر کیا۔ ان کے کلیات میں دو قصیدے نواب آصف الدولہ کی مدح میں ہیں۔

میر حسن نے تقریباً تمام اصنافِ سخن میں طبع آزمائی کی۔ غزل میں ان کا درجہ بہت بلند ہے۔ انسانی نفسیات سے آگہی، جذبات کی صداقت اور خلوص ان کے اشعار کی نمایاں خصوصیات ہیں۔ تصوف کے مضامین بھی ملتے ہیں۔ لیکن مثنوی سے انھوں نے بے پناہ شہرت حاصل کی۔ میر حسن نے پندرہ مثنویاں یادگار چھوڑی ہیں۔ مثنوی "شادی"، پہلی اور مثنوی "سحر البیان" آخری تصنیف ہے۔ جس کو سب سے زیادہ مقبولیت حاصل ہوئی۔ اور اس کی شہرت کے سامنے ان کی غزل نظر انداز ہوئی۔ تذکرہ نگار کہتے ہیں کہ "بدر منیر نے میر حسن کے نام کو شہرت کے آسمان پر مہر منیر بنا کر روشن کر دیا۔"

میر حسن نے کہا تھا ؎

رہے گا جہاں میں مرا اس سے نام

ان کا کہنا حرف بہ حرف درست ہوا۔ یہ قبول عام شاید ہی کسی اور مثنوی کو حاصل ہوا ہو۔ حبیب الرحمٰن خان شیروانی لکھتے ہیں۔

"جو پڑھ سکتے تھے انھوں نے پڑھی۔ جو نہ پڑھ سکتے تھے انھوں نے پڑھوا کر سنی۔ جاہلوں کا بھی یہ عالم رہا کہ جو دو چار شعر یاد تھے ان کو پڑھتے اور سر دھنتے تھے۔ چاندنی رات میں ماہِ کامل کی روشنی بہت سے ستاروں کو نگاہ سے اوجھل کر دیتی ہے یہی حال بدر منیر کی آب و تاب کے سامنے میر حسن کے باقی کلام کا ہوا

یہ انتخاب دیوانِ حسن، مطبوعہ ۱۹۱۲ء (مطبع منشی نول کشور) سے کیا گیا ہے۔ حالاتِ زندگی "میر حسن حیات اور ادبی خدمات" مصنفہ ڈاکٹر فضل الحق سے حاصل ہوئے۔

انتخابِ کلام

گر عشق سے کچھ مجھ کو سروکار نہ ہوتا
تو خوابِ عدم سے کبھی بیدار نہ ہوتا

سربستہ رہا یونہی یہ رازِ حرم و دیر
معلوم ہوا بھید نہ یاں کا نہ وہاں کا

بیگانہ ہے یاں کون اور اپنا ہے یہاں کون
ہے سب یہ بکھیڑا ہی مرے وہم و گماں کا

دل خدا جانے کس کے پاس رہا
ان دنوں جی بہت اُداس رہا

اس کی امید نہیں ہے کبھی پھر بسنے کی
اور ویرانوں سے دل کا ہے یہ ویرانہ جُدا

جہاں ثابت قدم رکھنا وہاں سر سے گزر جانا
مزا ہے استقامت سے مثالِ شمع مر جانا

نکل اے جان اب دل سے کہ صاحب خانہ آتا ہے
ترا تو جی ہی اُٹھنے کو نہیں کیا یہ بھی گھر جانا

کوئی دم کے ہیں مہماں اس چمن میں ایک دم آخر
مثالِ نکہتِ گل شام جانا یا سحر جانا

مر گئے ہم تو کہتے کہتے حال
کچھ تو تو بھی زباں سے فرماتا

جنوں لے گیا ہم کو طرفِ عزالال
کہ اُن خوش خراموں میں رَم تھا کسی کا

تجھ سوا کون مرے حال کو پہچانے گا
میں اگر سچ بھی کہوں گا تو کوئی مانے گا

اظہار خموشی میں ہے سو طرح کی فریاد
ظاہر کا یہ پردا ہے کہ میں کچھ نہیں کہتا

کیا پوچھے ہے مجھ سے مری خاموشی کا باعث
کچھ تو سبب ایسا ہے کہ میں کچھ نہیں کہتا

شمع ساں شب کے میہماں ہیں ہم
صبح ہوتے تو پھر کہاں ہیں ہم

داغ ہیں کاروانِ رفتہ کے
نقش ہائے گزشتگاں ہیں ہم

وصل ہوتا ہے جن کو دنیا میں
یا رب ایسے بھی لوگ ہوتے ہیں

سیکڑوں ڈھب خراب کرنے کے
اس دلِ خانماں خراب میں ہیں

ہیں بہت تیرے طالب دیدار
ہم بچارے تو کس حساب میں ہیں

ذرّہ ذرّہ میں دیکھ ہیں موجود
وہی جلوے جو آفتاب میں ہیں

نسخۂ دل کو سرسری مت دیکھ
سیکڑوں علم اس کتاب میں ہیں

ہم نہ نکہت ہیں نہ گل ہیں جو مہکتے جاویں
آگ کی طرح جدھر جاویں دہکتے جاویں

جو بھی آوے ہے وہ نزدیک ہی بیٹھے ہے ترے
ہم کہاں تک ترے پہلو سے سرکتے جاویں

تیرے ہم نام کو جب کوئی پکارے ہے کہیں
دل دھڑک جائے ہے میرا کہ کہیں تو ہی نہ ہو

آنکھوں میں ہیں حقیر جس تس کے
نظروں سے گر گئے ہیں ہم کس کے

جی سے رہتے ہیں اپنے اُس پہ نثار
دل سے ہوتے ہیں دوست ہم جس کے

گو نہیں اب، کبھی تو اے پیارے
ہم بھی تھے یار تیری مجلس کے

مر گئے پر بھی یہ حسن نہ مُندے
منتظر چشم تھے ترے رس کے

ٹک تو اونچی ہو اے صدائے جرس
دشت میں کب تلک کوئی بھٹکے

رائیگاں یوں اُڑا نہ ہم کو فلک
خاک ہیں ہم کسی کی چوکھٹ کے

تو ہی جب اپنے در سے دیوے اٹھا
پھر کدھر جا کے کوئی سر پٹکے

شعر کہنے سے یہ حاصل ہے کہ شاید کوئی
بعد مرنے کے حسن اپنے تئیں یاد کرے

کبھی بستا تھا اک عالم یہاں بھی
یہ دل جو اب کہ اُجڑا سا نگر ہے

کہا چاہے ہے کچھ، کہتا ہے کچھ اور
حسن دھیان اِن دنوں تیرا کدھر ہے

کیوں کر بھلا لگے نہ وہ دلدار دُور سے
دُونی بہار دیوے ہے گلزار دُور سے

جی تو بھرا نہ اپنا کسی طور، کیا ہوا
دیکھا اگر اُسے سرِ بازار دُور سے

بے اختیار اٹھتی ہے بنیادِ بے خودی
آتی ہے جب نظر تری دیوار دُور سے

ہرگز نہ ہوش آیا، اس کو کبھی عزیزاں
بے ہوش ہو کے نکلا جو اس کی انجمن سے

پھر دل کی خبر پوچھیو ناصح ذرا چُپ رہ
کیا جانئے اس وقت مرا دھیان کہاں ہے

کل کسی کا ذکرِ خیر آیا تھا مجلس میں حسن
اس دلِ بیتاب پر ہم ہاتھ دھر کر رہ گئے

غمزہ، نگہہ، کرشمہ کس کس کو کہیے ہمدم
جو شے ہے لُوٹنے کو دل ہی پہ آ جھکے ہے

کس کس کی میں خبر لوں آتش سے غم کی یارب
ایدھر تو دل چلے ہے، اودھر جگر پُھکے ہے

اتنا تو چاہیے تجھے پاسِ شکستہ دل
جو آوے تیرے یاں سو وہ اندوہ گیں نہ جائے

صبر و قرار و ہوش و خرد سب کے سب یہ جائیں
پر داغِ عشق سینے سے اے ہم نشیں نہ جائے

یار اگر اپنے پاس ہو جاوے
زندگی کی پھر آس ہو جاوے

قاصد! ایسی نہ بات کچھ کہیو
جس سے دل بے حواس ہو جاوے

میں تو اس ڈر سے کچھ نہیں کہتا
تو مبادا اُداس ہو جاوے

کبھی جو اس سے ملاقات مجھ سے ہووے گی
تو میں یہ کہتا ہوں کیا بات مجھ سے ہووے گی

ہم سے تو کسی کام کی بنیاد نہ ہووے
جب تک کہ اُدھر ہی سے کچھ امداد نہ ہووے

اے آہ ذرا اُٹھیو تو آہستہ کہ وہ جو
تھوڑا سا اثر ہے کہیں برباد نہ ہووے

دی تھی یہ دعا کس نے مرے دل کو الٰہی
اُجڑے یہ گھر ایسا کہ پھر آباد نہ ہووے

گر بیاں چاک اور خاموش مجھ کو دیکھ کہتا ہے
کروں کیا بات اس سے یہ تو کچھ دیوار و در سا ہے

میں اپنے دل کو جب دیکھوں ہوں تیرے روتے ہی پاتا ہوں
یہ ہمسایہ بھی کچھ میری طرح سے نوحہ گر سا ہے

بوالہوس ہو اُسے اِسے چاہے
جو تجھے چاہے سو کسے چاہے

کر دے اک دم میں اس کو کچھ کا کچھ
یار تیرا حسن جسے چاہے

چشمِ تر رات مجھ کو یاد آئی
اپنی اوقات مجھ کو یاد آئی

تجھ سے جس دم جدا ہوئے اے جان
پھر یہ سنیو کہ مر ہی جاویں گے

دید پھر پھر جہان کی کر لیں
آخرش تو گزر ہی جاویں گے

بے خبر جس طرح سے آئے ہیں
اس طرح بے خبر ہی جاویں گے

نوجوانی کی دید کر لیجئے
اپنے موسم کی عید کر لیجئے

کون کہتا ہے، کون سُنتا ہے
اپنی گفت و شنید کر لیجے

اب کے بچھڑے ملوگے پھر کہ نہیں
کچھ تو وعدہ وعید کر لیجے

اب جہاں خار و خس پڑے ہیں کبھی
ہم نے یاں آشیاں بنائے تھے

دیکھتے بیٹھا جو وہ مہ اپنے گھر کی چاندنی
جب تلک بیٹھا رہا تب تک نہ سرکی چاندنی

ملگجے کپڑوں میں یوں ہے جلوہ گر اس کا بدن
دھوپ جیسے شام کی ہو اور سحر کی چاندنی

صورت نہ ہم نے دیکھی حرم کی نہ دیر کی
بیٹھے ہی بیٹھے دل میں دو عالم کی سیر کی

مرنا مجھے قبول ہے اُس کے فراق میں
ملنا نہیں قبول وساطت سے غیر کی

جان و دل ہیں اُداس سے میرے
اُٹھ گیا کون پاس سے میرے

یہ کس کو خبر ہے اب کے بچھڑے
کیا جانیے اُس سے کب ملیں گے

جان و دل و ہوش، صبر و طاقت
اِک ملنے سے اُس کے سب ملیں گے

دنیا ہے سنبھل کے دل لگانا
یاں لوگ عجب عجب ملیں گے

بندہ عاجز ہے رو ہی دیتا ہے
آدمی پر جب آن پڑتی ہے

زندگی ہے تو خزاں کے بھی گزر جائیں گے دن
فصلِ گل جیتوں کو پھر اگلے برس آتی ہے

میرزا جواں بخت جہاندار شاہ

میرزا جواں بخت جہاں دار شاہ نام۔ جہاں دار تخلص۔ شاہ عالم ثانی کے بیٹے تھے۔ پیدائش ۱۱۶۶ھ مطابق ۱۷۵۲ء کے قریب۔ وفات ۱۲۰۲ھ مطابق ۱۷۸۸ء۔ اس تیموری شاہزادے کی قسمت مغلیہ سلطنت کے عہد زوال کے ساتھ وابستہ رہی۔ کچھ سال دلی کی حکومت کا نظم و نسق سنبھالا اور اپنی فراست اور حسن تدبیر سے اہل دربار میں مقبول رہے۔ الہ آباد سے اپنے والد شاہ عالم ثانی کی واپسی پر سیاست سے الگ ہو گئے۔ بعد میں امرا کی ریشہ دوانیوں سے بددل ہو کر انگریزوں سے مدد حاصل کی، اور پہلے اودھ اور پھر بنارس جا کر رہے۔ وہیں انتقال ہوا۔

جہاں دار بذلہ سنج اور شوخ طبع تھے۔ ان کے اشعار میں دلی کی صاف ستھری زبان اور محاورے کا اہتمام ملتا ہے۔

موسیقی سے ذوق رکھتے تھے فارسی اور اردو زبانوں میں جہاں دار تخلص کرتے تھے۔ ریاضی کے بھی ماہر تھے۔

انھوں نے شعر و شاعری کا ذوق ورثے میں پایا تھا۔ شعرا اور ادبا کے قدر دان تھے، اور ان کے ساتھ الطاف و عنایت کے ساتھ پیش آتے تھے۔ علم و فضل کی سرپرستی اور شعر و ادب سے ذوق رکھنے کی وجہ سے تاریخ ادب میں ان کا نام زندہ رہے گا۔ ان کی تصانیف مندرجہ ذیل ہیں۔

۱۔ دلی سے غزل کی داستان، اس کا ترجمہ انگریزی میں بھی ہوا۔

۲۔ شعرا کا تذکرہ

۳۔ دیوانِ جہاں دار

یہ انتخاب دیوانِ جہاں دار، مرتبہ ڈاکٹر وحید قریشی مطبوعہ ۱۹۶۶ء (مجلسِ ترقی ادب، لاہور) سے کیا گیا ہے۔

انتخابِ کلام

عمر گزری کہ مثلِ نقشِ قدم
اس کی رہ میں قیام ہے میرا

ہے اسی بُت کے طاقِ ابرو کو
جو سجود و سلام ہے میرا

کون سی شب ہے نالہ و زاری میں نے نہیں کی اُس بِن صبح
کون سا دن ہے رنج و مصیبت میں نے نہ رو رو شام کیا

کچھ نہ چلا بس اس پر عزیزو! اپنی ہی میں جان پہ کھیلا
آخر دردِ ہجر نے اس کے میرا کام تمام کیا

مت پوچھ، آہ عشق نے خوباں کے کیا کیا
رسوا کیا، خراب کیا، مُبتلا کیا

یارو! مجھے رکھوں ہوں میں دعویٰ نہ کیجیو
قاتل کو میں نے اپنے بحل خوں بہا کیا

چشمِ دُرشت تجھ سے جہاندار کو نہ تھی
جو غیر کے لیے اِسے تو نے خفا کیا

اُٹھ کر کبھی گیا جو وہ غارت گرِ شکیب
صبر و قرار سب مرے دل سے اُٹھا گیا

گزرا مجھ خاک سے جو دامن کش
یہ وہی شہسوار ہووے گا

سنتا نہیں کسو ہی کی وہ یار دیکھنا
کیجیو نہ اُس سے حالِ دل اظہار دیکھنا

گریاں ہوں اک عمر سے پوچھا نہ یار نے
روتا ہے کون یہ پسِ دیوار دیکھنا

سررشتہ کفر و دیں کا حقیقت میں ایک ہے
جو تارِ سبحہ ہے سو ہے زُنّار دیکھنا

مت بولیو تو اس سے جہاندار دیکھنا
کھینچے ہوئے ہے آج وہ تلوار دیکھنا

ویرانۂ دل کو مرے کیا جانیے کس روز
وہ خانہ خراب آن کے آباد کرے گا

ہوا جہاں سے جہاندار گو میں بیگانہ
وہ بدگماں تو ونلے مجھ سے آشنا نہ ہوا

تجھے ہم تو سانچا سمجھ کر ملے تھے
کہ کوئی بات سانچی بھی کر جائے گا

چلے ہو کے ناشاد ہم جس طرح ہیں
جہاں میں نہ کوئی بشر جائے گا

مرے واسطے مت اُٹھا ہاتھ زاہد
کہ تیری دعا کا اثر جائے گا

جہاندار کو پوچھتے کیوں ہو یارو
جہاں سے چلا تھا اُدھر جائے گا

میں تو سو بار ترے ملنے کو آیا تنہا
لیکن افسوس کبھی تجھ کو نہ پایا تنہا

شرک سے خالی کسی کا نہ نظر آیا دل
وہ بڑے ظرف ہیں جن میں تو سمایا تنہا

سرشک آنکھوں میں رنگ چہرہ ہے زرد
کرے ہے اس پہ انکارِ محبت

میرے ملنے سے اس قدر غفلت
اے تغافل شعار کیا باعث

اب تو میری طرف کو مدت سے
نہیں کرتے گزار کیا باعث

میں جانتاں ہوں سب تری وعدہ خلافیاں
تو دے ہے میرے دل کو سہارے عبث عبث

نہیں سنتا ہے نالہ رو میرا
اس دلِ داغ دار کی فریاد

کون سنتا ہے کس سے جا کہیے
اس دلِ بے قرار کی فریاد

سو سو طرح کے ہم نے سہے تیرے ظلم و جور
آیا نہیں گلہ کبھی اپنی زبان پر

مصرع یہ اپنا آیا جہاندار ہم کو یاد
چھوڑا نوّاحِ کعبہ چلے ہم بتاں کی اور

جوں حباب آنکھ کھول کر افسوس
ہاتھ آیا نہ کچھ مگر افسوس

اے جہاندار اس گلی سے مرا
نامہ آیا نہ نامہ بر افسوس

سینۂ پرسوز یک سو، چشمِ گریاں یک طرف
دل بچے کیا اک طرف آتش ہے طوفاں یک طرف

مستعد ہیں اُس بُتِ طنّاز پر بہرِ نثار
یک طرف صبر و دل و دیں جان و ایماں یک طرف

ٹک سمجھ کر اے جہاندار آج اس کوچے میں جا
تیغ بر کف ہے وہ یکسو اور رقیباں یک طرف

جب تک کہ میری جان تم آؤ گے مجھ تلک
کیا جانیے کہ حال میرا کیا ہو تب تلک

رسائی میرے نالے اور دعا نے
کہاں پائی اجابت اور اثر تک

کب کسی سے وفا کی دنیا نے
اس سے اے دل نہ جی لگا ناحق

نہ تلطف نہ مہر نے اشفاق
ہم نے تجھ سے کو دل دیا ناحق

توڑ مت میرے دل کو اے ظالم
کہتے ہیں خانۂ خدا ہے دل

مل سکتے نہیں تجھ سے تصور ہی سے تیرے
تسکین دِل ناشاد کو دے شاد کریں ہم

اے جہاندار زہد اور تقویٰ
عشق میں ناگوار ہیں دونوں

دیکھ تیرا جمال کچھ کا کچھ
دل میں آیا خیال کچھ کا کچھ

دیکھ اُس مَن ہرَن کی آنکھوں کو
ہو گیا اس کا حال کچھ کا کچھ

کام میرا تو ہو چلا آخر
اے میرے کردگار کیا کیجے

کوئی وعدہ وفا نہیں کرتا
وہ تغافل شعار کیا کیجے

عشق نے کر دیا مجھے مجبور
اب نہیں اختیار کیا کیجے

مثلِ زُلفِ بُتاں فسانۂ دل
ہے طویل اختصار کیا کیجے

گزری جو دل پہ میرے ہو گزری
اس کا اب اشتہار کیا کیجے

جو مر گئے تری چشمِ سیاہ کے مارے
نہ حشر کو بھی اٹھیں گے نگاہ کے مارے

الٰہی حشر میں آوازِ صور سن کیوں کر
اٹھوں گا آہ میں بارِ گناہ کے مارے

بیم اغیار سے نہیں کھٹکا
یار سے مجھ کو ہے گلہ باقی

میری تسکیں نہ ہو گی ساغر سے
منہ سے میرے لگا سبو ساقی

جو کچھ کیا سو ہم نے کیا اپنی چاہ سے
اب شکوہ کیجیے نہ کچھ اس رشکِ ماہ سے

تاب و تواں و دین و دل و عقل و صبر و ہوش؟
وہ شوخ مجھ سے لے گیا سب اِک نگاہ سے

صبا ہیں ہم وہی گُل برگ اُس گلستاں کے
جو شاخ سے نہ اُترتا تھا ناز کے مارے

جلد ایفائے وعدہ کر کہ تری
بات کا اعتبار اُٹھتا ہے

مثلِ پروانہ شمع رو پہ مرے
ہر کوئی جی کو وار اُٹھتا ہے

مری جان جاتی ہے یارو! سنبھالو
کلیجے میں کانٹا چُبھا ہے نکالو

بیمارِ عشق جاں بَر اب تک کوئی ہوا ہے
تو اے طبیب ناحق میری دوا کرے ہے

پچھتائے گا تو اِک دن سُنتا ہے اے جہاندار
دیتا تو ہے دل اس کو لیکن بُرا کرے ہے

جعفر علی حسرت دہلوی ثم لکھنوی

نام جعفر علی۔ تخلص حسرت۔ میاں ابوالخیر عطّار کے بیٹے تھے اور دہلی کے رہنے والے۔ جب دہلی کے حالات خراب ہوئے تو دیگر اہلِ کمال کی طرح حسرت بھی پہلے فیض آباد اور پھر لکھنؤ میں آ بسے۔

پیدائش ۱۱۴۷ھ مطابق ۱۷۳۴ء۔ وفات ۱۲۰۶ھ مطابق ۱۷۹۱-۲ء

حسرت فارسی میں مرزا فاخر مکینؔ اور اردو میں رائے سرپ سکھ دیوانہؔ کے شاگرد تھے۔ فیض آباد اور لکھنؤ میں ان کی شاعری نے اتنی شہرت پائی اور ان کے اتنے زیادہ شاگرد ہو گئے تھے کہ اکثر ان کو پہچان نہیں پاتے تھے۔ چنانچہ ان کے مزاج میں نخوت پیدا ہو گئی اور یہ دیوانہؔ کی شاگردی سے منحرف ہو گئے تھے۔

حسرت ایک مشاق شاعر تھے۔ انھوں نے تقریباً تمام اصنافِ سخن میں طبع آزمائی کی ہے۔ لیکن ان کا اصلی میدان غزل گوئی ہے۔ ان کی غزلوں میں زیادہ تر عشقیہ مضامین ملتے ہیں۔ روزمرّہ اور محاوروں کا استعمال اور معاملہ بندی اودھ کے رنگین ماحول میں ان کی شاعری کی مقبولیت اور شہرت کا باعث تھی۔ ان کی متعدد غزلیں ایسی ہیں جن میں مضمون مسلسل ہے۔ کہیں کہیں تصوف کے اشعار بھی نظر آجاتے ہیں۔ قصیدہ نگاری میں حسرت کوئی مقام حاصل نہیں کر سکے۔ ایک طویل نظم "طوطی نامہ" کے نام سے کہی جس کو حسرت کا کوئی قابلِ قدر کارنامہ نہیں

کہہ سکتے۔ ایک مثنوی "ساقی نامہ" کے عنوان سے ہے۔ اس کے علاوہ حسرت نے اساتذہ درد، حافظ، خسرو اور جامی وغیرہ کی غزلوں پر مخمس بھی کہے۔ رباعیات کا ایک دیوان بھی ہے۔

یہ اپنے آپ کو میر و سودا سے کمتر نہیں سمجھتے تھے۔ قدرت کلام حاصل تھی لیکن ان کا شمار صفِ دوم کے شعرا میں کیا جاتا ہے۔ سودا نے ان کو "ناشاعر" کہا ہے۔

آخر عمر میں دنیا ترک کر کے درویشی اور گوشہ نشینی اختیار کر لی تھی اور مسجد میں مُعتکِف ہو گئے تھے۔

یہ انتخاب کلیاتِ حسرت، مرتبہ ڈاکٹر نور الحسن ہاشمی (صدر شعبۂ اردو لکھنؤ یونیورسٹی) مطبوعہ ۱۹۶۶ء سے کیا گیا ہے۔

انتخابِ کلام

دلِ پر نہیں اختیار اپنا
افسوس گیا قرار اپنا

تیرا تو جب اعتبار کیجئے
جب ہووے کچھ اعتبار اپنا

نہیں دیکھا اُسے، یا اُس نے چشمِ قہر سے دیکھا
جو حسرت اُس گلی سے آج پھر باچشمِ تر آیا

یہ کیا ستم ہے کہ برسوں ہوئے نہیں ملتا
وہ شخص جو کہ نہ ہوتا تھا ایک آن جُدا

دل میں سو بات تھی پر اُس نے جو پوچھا احوال
مجھ سے کچھ درد کا اظہار ہوا کچھ نہ ہوا

کون سا رنج فلک ہم نے گوارا نہ کیا
شہرہ مجنوں کو دیا نام ہمارا نہ کیا

کوئی اپنا نہ آشنا دیکھا
جس کو دیکھا سو بے وفا دیکھا

ایک نے بھی نہ کی وفا ہم سے
ہم نے کتنوں سے دل لگا دیکھا

بھولتا ہی نہیں وہ دل سے اُسے
ہم نے سَو سَو طرح بھلا دیکھا

مجھے ٹک سانس بھی یہ درد و غم لینے نہیں دیتا
عجب کچھ درد ہے دل میں کہ دَم لینے نہیں دیتا

بات کا گو نہ دے وہ ماہ جواب
لیک دیتی ہے وہ نگاہ جواب

نہ پوچھو جوَر کا اپنے بیاں اب
نہ کھلواؤ میاں میری زباں اب

ترے کوچے سوا دیکھی نہیں راہ
تو ہی بتلا کہ میں جاؤں کہاں اب

فسانہ ، غزل ، شعر، قصہ کہانی
کسی طرح اِس سے بنے بات کا ڈھب

کسی دشمن کو بھی نصیب نہ ہو
جیسے تجھ بن کٹی ہماری رات

کل کو کیا جانئے صحبت یہ رہے یا نہ رہے
ساقیا جام جو بھرنا ہے تو بھر آج کی رات

جو ڈھل جاوے خوبی سے اک شعر حسرت
تو وہ شعر ہے لاکھ دفتر سے بہتر

عشق ہے داستاں سے باہر
ہے یہ قصہ بیاں سے باہر

شبِ ہجراں کبھی ہیہات نہ ہو گی آخر
عمر آخر ہو پہ یہ رات نہ ہو گی آخر

سلسلہ چھیڑ دو مت طول ہے افسانۂ زلف
رات آخر ہو پہ یہ بات نہ ہو گی آخر

فیض جاری ہے سدا پیرِ مُغاں کے دَر سے
تا قیامت یہ کرامات نہ ہو گی آخر

پیدا ہو فہم سُننے سے میرے کلام کے
حسرت ہے ایک خلق کو میری زباں سے فیض

گر ہے یہی بہار کی شورش تو ناصحا
مجھ سے نہ ہو سکے گی گریباں کی احتیاط

مسمار ہو وے دل، نہیں مجھ کو ذرا بھی غم
کرتا ہے کون خانۂ ویراں کی احتیاط

مرتا نہیں وہ عشق میں جس نے کہ جی دیا
جیتے ہیں روزِ حشر تلک کشتگانِ عشق

کتنا ہے کام ہستی سے جانا عدم تلک
ہوتا ہے ایک دم ہی میں یاں کا سفر تمام

بستی ہمارے دل کی تجھی سے تھی اے میاں
ویراں نظر پڑے ہے ترے بن یہ گھر تمام

آخر ترے غم میں مر گئے ہم
بھرنا تھا جو دکھ سو بھر گئے ہم

عُقبیٰ کی بھی کچھ خبر نہیں ہے
دنیا سے تو بے خبر گئے ہم

غنیمت جانو جو دم ہیں میاں ہم
کوئی دم میں کہاں پھر تم کہاں ہم

یہ غلط گمان کریں ہیں سب کہ فنا کے بعد بقا نہیں
ترے عشق میں جو کوئی مُوا اسے زندگی ہے فنا نہیں

مرے دل میں وہ تپِ عشق ہے کہ نجات اس سے ہو کبھی
میں بہت پھرا ہوں گلی گلی کہیں اس مرض کی دوا نہیں

اگر اے دل یہی ہے بے قراری
تو کاہے کو رہے گی جان تن میں

ہے عشق کا بار سخت مشکل
کب ارض و سما سہارتے ہیں

کب تک میں دل میں غم کو چھپاتا رہا کروں
یارو جگر جلے ہے نہ روؤں تو کیا کروں

مرا دل داغ ہے حسرت جہاں آباد کے غم میں
ہزار افسوس یہ گلزار یوں ویران ہو جائے

حسرت نہ بُت پرست ہے تو نے خدا پرست
لازم ہے آدمی کو کسی کا تو ہو رہے

تو ہے بے درد تجھ سے کیا کہیے
دل کا احوال کس سے جا کہیے

ہم تو کچھ تم سے کہہ نہیں سکتے
چاہیئے سو بُرا بھلا کہیے

زاہدو! یہ مقامِ حیرت ہے
کس کو بندہ کسے خُدا کہیئے

بُرا مانو ہو اچھی بات سے تم
بہت اچھا میاں پر ہے بری بات

سب شہر ڈھونڈا پر دردِ دل کا
پایا نہ میں نے درمان افسوس

الحکم للہ و الملک للہ
ہوتا ہے دل مفت ویران افسوس

بھرتا ہے ابر تال تلیاں برس برس
ساقی مُوا میں جام کی خاطر ترس ترس

سایا نہ مرض اس کو بتاتا ہے کوئی شخص
دل سینے سے میرے لئے جاتا ہے کوئی شخص

مغفرت کو نہ بھول اے حسرت
لاکھ امید ہے گناہ کے ساتھ

یہ غم خانہ ہے یاں تشریف لائے جس کا جی چاہے
بلانے کے نہیں ہم آپ آوے جس کا جی چاہے

اک رات میں سو صبحِ قیامت نظر آئی
اے وعدہ فراموش بھلی راہ دکھائی

آنا نہ تھا تجھ کو سو نہ آیا پہ نہ آیا
میں لاکھ بہانے کئے سو بات بنائی

ارمان مرے جی کا صد ارمان نہ نکلا
افسوس کہ حسرت ہی میں سب عمر گنوائی

اب جوانی نظر نہیں آتی
زندگانی نظر نہیں آتی

زندگی خوب ہے جہاں میں مگر
جاوِدانی نظر نہیں آتی

گو قتل تو بے گناہ کرے
پر مُڑ کے اِدھر نگاہ کرے

آخر تو ہے بخشش اور کے ہاتھ
جو ہو سکے سو گناہ کر لے

مقامِ عشق تسلیم و رضا ہے
کہ یاں سو زخم پر سو مرحبا ہے

سُنا ہے میں مسیحا کی زبانی
کہ یہ دردِ محبت لا دوا ہے

مے کشی و زہد یاں کچھ تو کیا چاہیئے
زیست نہ ہو رائیگاں کچھ تو کیا چاہیئے

ہو وے اثر یا نہ ہو عشق میں اے دل ہمیں
نالہ و آہ و فغاں کچھ تو کیا چاہیئے

محمد بقااللہ بقاؔ

نام محمد بقااللہ۔ تخلص بقاؔ۔ حافظ لطف اللہ خوشنویس کے بیٹے تھے۔
سن پیدائش معلوم نہیں۔ وفات ۱۲۰۶ھ مطابق ۲-۱۷۹۱ میں ہوئی وطن اکبرآباد تھا۔
پیدا دلی میں ہوئے۔ نوجوانی میں لکھنؤ میں رہائش اختیار کرلی تھی۔ ابتدا میں
نمیؔ تخلص کرتے تھے۔ بعد میں شاہ حاتمؔ کے کہنے پر بقاؔ اختیار کیا۔ حاتمؔ، میردرد
اور خصوصیت کے ساتھ میر فاخر مکینؔ کے شاگرد تھے۔

بقاؔ کا شمار خوش گو، خوش طبع اور خوش فکر شاعروں میں کیا جاتا ہے۔ بقاؔ
نے قصیدے بھی لکھے۔ ان کے قصائد میں الفاظ کی شوکت، تشبیہات کی لطافت اور
تراکیب کی خوش نمائی ملتی ہے۔ لیکن وہ میرؔ اور سوداؔ کا دور تھا۔ ان کے آگے بقاؔ کا
چراغ نہیں جل سکا۔ ان کا شمار صفِ اوّل کے شعرا میں نہیں کیا جاسکتا۔ اپنا لوہا
منوانے کے لیے انھوں نے استادوں کے رنگ میں کہنے کی کوشش کی
لیکن جب ان کی ہمسری نصیب نہ ہوسکی تو اُن کی ہجو یں کہیں۔ دلی میں میرؔ سے
اور لکھنؤ میں سوداؔ سے معرکے ہوئے۔ مرزا سوداؔ نے ان کی کسی ہجو کا جواب نہیں
دیا۔ ان کا فرمانا تھا کہ میں نے جس کی ہجو کی اس کا نام اسی تقریب سے مشہور
ہوا۔ میں تیری ہجو نہ کروں گا۔ تیرا مشہور کرنا مجھے منظور نہیں۔
آخر عمر میں طبیعت پر وحشت کا غلبہ ہوگیا۔ وفورِ دیوانگی میں اپنے کلام کو

پارہ پارہ کرکے پانی میں ڈال کر رکھ لیا تھا۔ جو طالبِ شعر آتا اس سے کہتے اس میں میرا پورا کلیات ہے۔ جو چاہے لکھ لو لیکن خدارا ہجویات نہ لکھنا اس لیے کہ میں نے اس سے توبہ کرلی ہے۔

طبیعت قدرے بہتر ہوئی تو اسی حالت میں حجِ بیت اللہ اور زیارتِ کربلا اور نجف اشرف کے ارادے سے روانہ ہوئے۔ اثنائے راہ میں انتقال ہوا ان کا جو کلام دوستوں کے پاس تھا صرف وہی محفوظ رہ سکا، دیوانِ بقاؔ کا ایک قلمی نسخہ ڈاکٹر اسپرنگر کے ذخیرۂ مخطوطات سے حاصل ہوا یہ انتخاب 'دیوانِ بقاؔ مرتبہ پروفیسر خواجہ احمد فاروقی (صدر شعبۂ اردو دہلی یونیورسٹی) سے کیا گیا ہے۔

انتخابِ کلام

خواہشِ سود تھی سودے میں محبّت کے ولے
سر بسر اس میں زیاں تھا مجھے معلوم نہ تھا

میں تو آیا تھا بقا باغ میں سن جوشِ بہار
پر یہ ہنگامِ خزاں تھا مجھے معلوم نہ تھا

چھلک کے دیدۂ تر سے مغاں پیالا سا
بغل میں پھوٹ بہا شیشہ دل کا چھالا سا

ہم نفس کوئی نہ دیکھا بیکسی کے دن بقاؔ
آشنا صورت مگر معنی میں وہ بیگانہ تھا

ہم کو جو کچھ مفید جہاں کا نہیں علاج
شاید مریض چشمِ بتاں کا نہیں علاج

نکلے ہے منہ سے بات بہ لکنت ترے حضور
گو دل رہے ہے بجا پہ زباں کا نہیں علاج

اس باغ میں شگوفۂ نورس تو ہوں ولے
سو چاک مثلِ گل ہیں مرے پیرہن کے بیچ

تم تو رہو ہو مہرباں غیر کے ساتھ اس قدر
اور میں پھروں ہوں خوار و زار خانہ بہ خانہ گھر بہ گھر

آتشِ رخ سے تری اے شمع رُو
جل گئے ہم سے کئی ہو کر پتنگ

بوسہ ترے دہن سے بہ ہنگام مے کشی
لے ہے کس آرزو سے قدح اور قدح سے ہم

یار کے نقشِ آستاں ہیں ہم
مٹ گئے جب تو پھر کہاں ہیں ہم

شمع ساں اشک و آہ سے اپنے
آب و آتش کے درمیاں ہیں ہم

دیکھا تو ایک شعلے سے اے شیخ و برہمن
روشن ہیں شمعِ دیر و چراغِ حرم بہم

وہ صورتیں جو پیشِ نظر تھیں سو مثلِ اشک
یوں گم ہوئیں زمیں میں کہ ڈھونڈے نہ پائیاں

قابلِ شکوہ یہ اپنی ہی زباں ہے کہ نہیں
گلۂ جور ترا ورنہ کہاں ہے کہ نہیں

یہ مرا ریختہ رشکِ غزلِ سودا ہے
لیکن اس پر بھی بقا کو یہ گماں ہے کہ نہیں

سیلاب سے آنکھوں کے رہتی ہے خرابے میں
نگری جو مرے دل کی بستی ہے دو آبے میں

کل کے دن جو گرد میخانے کے پھرتے تھے خراب
آج مسجد میں جو دیکھا صاحبِ سجادہ ہیں

ساقی کو دو نوید بہار آئی باغ میں
سودے نے پھر کیا ہے خلل سا دماغ میں

راستی پر ہم سے کس دن آئیاں
یار کی زلفیں جو ہیں بل کھائیاں

مرحبا رو رو کے اے ابرِ مژہ
روز ساون کی رُتیں دکھلائیاں

جل کے خاکستر ہوا غم سے بتا
اے میاں ! اتنی بھی بے پروائیاں

غیرتِ گل ہے تو اور چاک گریباں ہم ہیں
رشکِ سنبل ہے تری زلف پریشاں ہم ہیں

اے عشق تو ہر چند مرا دشمنِ جاں ہو
مرنے کا نہیں نام کا میں اپنے بقا ہوں

دیکھ آئینہ جو کہتا ہے کہ اللہ رے میں
اس کا میں دیکھنے والا ہوں بقا واہ رے میں

کس لیے اے شمع رُو پھر وہ ترا پروانہ ہو
جو جلے پروانہ وار اور تجھ کو کچھ پروا نہ ہو

ہرگز نمازِ عشق کی نیت نہیں درست
جب تک کہ تازہ خون جگر سے وضو نہ ہو

تو نے اس طرح سے اے چرخ گرایا ہم کو
کہ موئے پر بھی کسی نے نہ اٹھایا ہم کو

گر قتل کیا بقا کو خوباں
اس بات کو منہ سے مت نکالو

پنہاں ہی بھلا ہے خونِ عاشق
جانے دو اب اس پہ خاک ڈالو

چشمِ تر جام، دلِ بادہ کشاں ہے شیشہ
محتسب آج کدھر جام کہاں ہے شیشہ

یہ رُخِ یار نہیں زُلفِ پریشاں کے تلے
ہے نہاں صبحِ وطن شامِ غریباں کے تلے

نہیں ملنے کی بجز ہم کو بجز کُنجِ مزار
جائے آسودگی اِس گنبدِ گرداں کے تلے

تہی کف آئے تھے ہم عدم سے چلے بھی یاں سے تو دست خالی
نہ توشہ واں سے لیا تھا زر کا نہ ساتھ یاں سے درم اُٹھائے

مجھے تو عشق میں اب عیش و غم برابر ہے
برنگِ سایہ وجود و عدم برابر ہے

دیکھا تو زیرِ قصرِ فلک دارِ خلق میں
ہرگز مکاں نہیں کوئی آرام کے لیے

عشق میں بُو ہے کبریائی کی
عاشقی جس نے کی خدائی کی

ہم سری مت صبا سے کر اے آہ
تُو نے بھی کچھ گرہ کشائی کی

لے چلے ہم قفس سے اے صیاد
خاک میں آرزو رہائی کی

روزِ محشر تلک نہ آخر ہوں
داستانیں شبِ جدائی کی

کوئی موج بھی تا بہ گردن نہ پہنچی
یہ دریا کئی بار پایاب اُترے

بقا اور اک جام ساقی سے لے لو
کہ سر سے خمارِ مئے ناب اترے

ہاں میاں سچ ہے تمہاری تو بلا ہی جانے
جو گزرتی ہے مرے دل پہ خدا ہی جانے

دل کی واشد پہ عبث آہ نے کھینچی تکلیف
کھولنے عقدے تو غنچوں کے صبا ہی جانے

ہم تو نت دور سے خمیازہ کشِ حسرت ہیں
لذتِ بوس و کنار اُس کی حیا ہی جانے

تیرے بیمار کو کیا ہووے شفا جس کے طبیب
نہ تو کچھ درد کو سمجھے نہ دوا ہی جانے

طور پر اپنے سخن کون برا کہتا ہے
پر یہ انداز جو پوچھو تو بقا ہی جانے

غیر بد وضع ہیں محفل سے شتاب اِن کی اٹھو
ہاں! ایسوں کے تم اے جان بھلے بیٹھ گئے

سخن کی آب افزوں ہو جو اہلِ ہوش تک پہنچے
گہر ہووے وہ قطرہ جو صدف کے گوش تک پہنچے

شیخ غلام یحییٰ حضور عظیم آبادی

نام شیخ غلام یحییٰ۔ تخلص حضورؔ۔ شاہ محمد منظہر کے بیٹے اور مولوی محمد باقر کے بھتیجے تھے۔ عظیم آباد میں پیدا ہوئے۔ تجارت ذریعۂ معاش تھی۔ طبابت میں بھی مہارت رکھتے تھے۔ تصوف کا ذوق ورثے میں ملا تھا۔ ان کا شمار عظیم آباد کے مشائخ میں ہوتا تھا اور ان کے مرید اور معتقد بہ کثرت تھے۔

تذکروں میں شیخ غلام یحییٰ حضورؔ کے حالات زندگی بہت کم ملتے ہیں۔ دیوان حضورؔ کے صرف ایک نسخے کا اب تک پتہ چلا ہے، جو دراصل ان کے دیوان کا انتخاب ہے۔ دیوان میں مدحیہ، قصائد اور قطعات نہیں ہیں۔ ایک مثنوی ہے جو انہوں نے عظیم آباد کی درگاہ شاہ ارزاں کے متعلق لکھی تھی۔ جس سے ان کی گہری عقیدت کا اظہار ہوتا ہے۔ دیوان میں دو ہجویہ نظمیں بھی ملتی ہیں جن سے اس زمانے کے معاشی حالات اور طرزِ زندگی کا کچھ نہ کچھ اندازہ ہوتا ہے۔

شاعری میں کس کے شاگرد تھے اس بارے میں یقین سے نہیں کہا جاسکتا۔ کسی تذکرہ نگار نے لکھا ہے کہ شاعری میں کسی کے شاگرد نہیں تھے۔ کوئی باقرؔ حزیں کا شاگرد کہتا ہے۔ حضورؔ کے اُستاد یا شاگرد دونوں کے بارے میں کوئی واضح اشارہ نہیں ملتا۔

اشعار سے ان کے دہلی اور بنارس کے سفر کا ثبوت ملتا ہے۔ سالِ ولادت معلوم

نہیں۔ وفات ۱۳۰۶ھ مطابق ۱۸۹۲ء میں ہوئی۔ خیال کیا جاتا ہے کہ عمر چالیس پچاس سال کے لگ بھگ پائی۔

شاعری میں ان کی مشاقی کا تذکرہ نگاروں نے اعتراف کیا ہے۔ رعایتِ لفظی کے شائق تھے۔

یہ انتخاب دیوانِ حضورؔ، مرتبہ جناب مختارالدین احمد مطبوعہ ۱۹۷۷ء (بہار اردو اکادمی) سے کیا گیا ہے۔

انتخابِ کلام

کہنے سے شعر کے کچھ حاصل نہیں مگر یاں
یہ ہے کہ بعد اپنے ہو یادگار اپنا

زلف و رُخِ صنم کے غم میں سدا رہے ہم
گزرا ہمیشہ یوں ہی لیل و نہار اپنا

بیٹھے ہم دیکھا کئے افسوس سے
اُٹھ گئے دنیا سے کیا کیا آشنا

آشنائی کا مزا دیکھا حضور
پھر کسو سے جا کے ہونا آشنا

اب وہ میرا بے وفا دیکھیں تو کیا کرتا ہے عذر
وعدہ و پیغامِ صبح و شام آخر ہو چکا

کچھ نہ پوچھو مے کشاں اس بن کہ اپنی بزم سے
وہ تسلسل اور دورِ جام آخر ہو چکا

مرتا ہوں دردِ ہجر سے آرام ہو چکا
بس اے طبیبِ عشق مرا کام ہو چکا

جرّاح چھو نہ اب دلِ مجروح کو مرے
اب آنکھ لگ گئی ہے مجھے آرام ہو چکا

منعم نہ ہو مغرور سدا پاس کسو کے
سیم و زر و گوہر نہ رہا ہے نہ رہے گا

گر عیش میسّر ہے تو کر لیجیے کم و بیش
سب وقت برابر نہ رہا ہے نہ رہے گا

چشم سے کیا ہے فائدہ دل میں نہ ہو جو ذوقِ دید
شیشے میں مے نہ جب رہے جام رہا تو کیا ہوا

ہم سے غریب بھی بھلا محرمِ کوبار یاب ہوں
اذن تیرا کبھی کبھی عام رہا تو کیا ہوا

غیرِ وفا میں پختہ ہوں یونہی سہی، پہ مجھ سا بھی
ایک تری جناب میں خام رہا تو کیا ہوا

رَم تو ترا سبھوں سے ہے اے بُتِ من ہرن مرے
اپنے حضور سے کبھی رام رہا تو کیا ہوا

اُس شوخ سے کیا کیجیے اظہارِ تمنّا
یہ لوگ کوئی سنتے ہیں گفتارِ تمنّا

یہ خوبیٔ قسمت کہ ملے باغِ جہاں سے
سب کو گلِ اُمید ہمیں خارِ تمنّا

چشم بس ہے جہاں نمائی کو
کیا کروں گا میں جامِ جم لے کر

ناتواں اس قدر ہوئے کہ حضور
دل سے نکلے ہے آہ دم لے کر

آگے رکھتے تھے گہر دیدۂ نمناک کے مول
جب سے آنکھوں سے گرے تب سے ہوئے خاک کے مول

اُس کے کوچے میں نقشِ پا ہیں ہم
مت اٹھانا کہ پھر فنا ہیں ہم

در پہ اُس ماہ رُخ کے جاتے ہیں
اپنے طالع کو آزماتے ہیں

دیکھیں کون اپنی جاں کو روئے گا
بے طرح آپ مسکراتے ہیں

یہ خوں نہیں ہے کہ آ جم رہا ہے آنکھوں میں
ترے لیے مرا دم تھم رہا ہے آنکھوں میں

ذرا پھر آئیے قاتل کہ دیکھنے کے لیے
موئے پڑے ہیں یہ ٹک دم رہا ہے آنکھوں میں

تشنۂ مے ہوں میاں کہہ دو جہاں ہے شیشہ
سخت مخمور ہوں بولو بھی کہاں ہے شیشہ

یار ملے یا نہ ملے صبح و شام
کوچۂ جاناں میں گزر چاہیے

تیرِ نگہ وہ ہے کہ جس تیر کے
سامنے ہونے کو جگر چاہیے

اب کے بچے جی تو کسو کے تئیں
پھر نہ کبھی بارِ دگر چاہیے

دل بھی جواہر ہے ولیکن حضور
اس کے پرکھنے کو نظر چاہیے

کروں عرض کیونکر کچھ اُس تند خو سے
بھلی بات کہتے بُرا مانتا ہے

پھرے گا نہ یہ دل تری بندگی سے
یہ بندہ ہے تیرا خدا جانتا ہے

کروں قطع الفت بتوں سے و لیکن
یہ کافر مرا دل نہیں مانتا ہے

ٹک دیکھیو یہ ابروئے خمدار وہی ہے
کشتہ ہوں میں جس کا سو یہ تروار وہی ہے

منصور سا کوئی نہ ہوا خلق جہاں میں
اس مملکتِ فقر کا سردار وہی ہے

سیل آنسو کی بہی جاتی ہے
دل کی تعمیر ڈھہی جاتی ہے

آہ کچھ ان نے نہ پوچھا مجھ سے
جی کی جی ہی میں رہی جاتی ہے

یار گر پوچھے تو کیجے کچھ عرض
بات پر بات کہی جاتی ہے

عشرتِ دو جہاں ہے اس کے ہاتھ
جو صراحی و جام رکھتا ہے

ہے وہی خاص بزمِ دنیا میں
جو مدارائے عام رکھتا ہے

دین و دنیا کا جو نہیں پابند
وہ فراغت تمام رکھتا ہے

ہر کوئی اپنی فہمِ ناقص میں
پختہ سودائے خام رکھتا ہے

جی گوارا نہیں کرتا کہ کروں منتِ خلق
ہو گئے گرچہ گدا دل سے وہ شاہی نہ گئی

یہ طوفانِ اشک اس میں آنکھوں کی کشتی
تعجب ہے کیوں کر سلامت رہی ہے

اگرچہ تری یاد میں خوش ہوں لیکن
اِن آنکھوں سے دیکھوں یہ حسرت رہی ہے

جو یوں آپ بیرونِ در جائیں گے
خُدا جانے کِس کِس کے گھر جائیں گے

عبث اپنے گھر سے نکالے ہے تو
بھلا ہم تجھے چھوڑ کر جائیں گے

شبِ ہجر میں ایک دن دیکھنا
اگر زندگی ہے تو مر جائیں گے

مسافر ہیں لیکن نہیں جانتے
کہاں سے ہم آئے کدھر جائیں گے

بہ حرمت نبی اب تلک جس طرح
حضورؐ اتنے دن بھی گزر جائیں گے

جی تیرے اشتیاق میں کھونا تھا کھو چکے
آخر ہمیں فراق میں ہونا تھا ہو چکے

یارانِ ہند اب جو ہوئے متفق تو کیا
ہندوستاں نفاق میں کھونا تھا کھو چکے

تجھ بن اک دل جو پاس رہتا ہے
وہ بھی اکثر اداس رہتا ہے

تُند خو ہے وہ عرض کیا کیجے
اس کے آگے حواس رہتا ہے؟